HERBERT FASTNER

Bauernmöbel des Bayerischen Waldes

HERBERT FASTNER

Bauernmöbel des Bayerischen Waldes

VERLAG MORSAK

3. erweiterte Auflage 1980
2. Auflage 1977
© 1976 (1. Auflage) · by Verlag Morsak, Grafenau
Alle Rechte vorbehalten!
Nachdruck, auch in Auszügen, nur mit Genehmigung des Verlages.
Satz, Klischeeherstellung, Druck und Bindung:
Buch- und Offsetdruck Morsak oHG, 8352 Grafenau
ISBN 3 87553 124 8

INHALT

Vorwort 7

Zum Geleit 9

Bauernmöbel aus dem Bayerischen Wald 11

Die Entwicklung des Bauernmöbels 13

Von Passau waldeinwärts 15

Das Dreisesselgebiet 30

Freyung–Grafenau 42

Kirchberg–Regen 65

Um Zwiesel 76

Deggendorf und Vorwald 86

Viechtach 106

Von Cham nach Lam 129

Vom Vorderen Bayerischen Wald nach Straubing 142

Tische und Stühle 162

Vom Fleiß der alten Handwerker 166

Instandsetzung und Pflege 168

Nachwort zur 2. Auflage 171

Nachwort zur 3. Auflage 172

Literatur, Fotonachweis 173

VORWORT

Es ist eine der bedrückenden Schattenseiten in der Entwicklung der letzten Jahrzehnte, daß, wie überall in unserem Land, auch im Bayerischen Wald mit den alten Wohnhäusern nicht nur die charaktervollen Denkmäler der jahrhundertealten bäuerlichen und handwerklichen Kultur, sondern mit ihnen auch die volkstümlichen Möbel, die den Wohnstätten erst die Seele und beglückende Häuslichkeit verliehen haben, mehr und mehr verschwinden.

Die Tatsache, die wir aus dem vorliegenden Buch erfahren, daß in den letzten Jahren allein aus dem kleinen Bereich der Möbellandschaft des Dreisesselgebietes nachweisbar hunderte von Schränken in den Kunst- und Antiquitätenhandel gelangten, läßt uns erahnen, in welchem Ausmaß der Verlust und Ausverkauf der Heimat bereits fortgeschritten ist.

Als ein geeignetes Mittel, dem weiteren Ausverkauf des bäuerlichen Kulturgutes durch Aufklärung und Information entgegenzuwirken, begrüße ich das Erscheinen des Buches „Bauernmöbel des Bayerischen Waldes" wärmstens.

Möge es insbesondere all jenen, die die Beziehung zu den Erzeugnissen der Handwerkskunst ihrer Vorfahren verloren haben, aber noch über volkstümliche Möbel ihrer Waldheimat verfügen, den Wert ihres Besitztums bewußt werden lassen. All jenen aber, welche die Qualität der überkommenen Möbelkultur ihrer Waldheimat zu schätzen wissen, wird es als Leitfaden zu weiterführenden Erkenntnissen willkommen sein.

Nicht zuletzt führt uns diese verdienstvolle Arbeit erstmals die überraschende Vielzahl an Möbellandschaften des Bayerischen Waldes vor Augen und macht uns mit den verschiedenen Schrank- und anderen Möbeltypen in einer zusammenfassenden Darstellung bekannt. Sie liefert damit auch einen wertvollen Beitrag zur Volkskunde unseres Landes.

Ich wünsche dem Buch, daß es den „Verlust der Heimat" mindern und den „Gewinn der Heimat" bewirken helfe, daß es Eingang finde in alle heimatbewußten Familien des Bayerischen Waldes und in das heimatbezogene Vereinswesen. Vor allem sollte es für den heimatkundlichen Unterricht in den Schulen nicht übersehen werden.

Landshut, den 29. Juni 1976

Dr. Gottfried Schmid
Regierungspräsident

ZUM GELEIT

Möbel – und dies gilt in besonderem Maße für das historische Mobiliar des ländlichen Hauses – gehören zu den vielschichtigsten Gütern unserer Sachkultur. Typen, Konstruktion und Herstellung, die dekorative Erscheinung und ihre Elemente oder auch der Standort in Haus und Haushalt eröffnen Ausblicke in die verschiedensten Bereiche des kulturellen Daseins. Allein schon der Gebrauch von Mobiliar berichtet von Grundformen des Wirtschaftens, den Gewohnheiten von Essen und Schlafen, von Ordnen und Verwahren. Möbel vermitteln aber auch Auskünfte über handwerkliche Fertigkeiten und Tätigkeiten und über die Vorstellungen, die Hersteller und Käufer von ihnen hegen. Als Repräsentationsstücke vertreten Möbel den gesellschaftlichen Anspruch des Besitzers innerhalb seiner sozialen Umgebung. Und nicht zuletzt legt die dekorative Gestaltung des Möbels Zeugnis ab von den schöpferischen Kräften und den künstlerischen Erfahrungen des Verfertigers, von Grad und Art seiner Einbindung in geschichtliche Entwicklungen und Räume und ist bewußte oder unbewußte Selbstdarstellung des Schaffenden und seiner gesamten Umwelt.

Eine gründliche Bearbeitung dieser vielen Aspekte im Bereich des Bauernmöbels ist jedoch nur möglich, wenn ein dichtes Netz von Einzelforschungen die unterschiedlichen Erscheinungsformen im ganzen Lande erfaßt. Erst in jüngster Zeit hat die Bauernmöbelforschung – ausgegangen vom bayerischen Oberland mit seinem formen- und farbenfreudigen Möbelreichtum – begonnen, sich dem völlig andersartigen, stilleren und herben, dabei doch so ausdrucksstarken bemalten volkstümlichen Möbel Niederbayerns und des Bayerischen Waldes intensiver zuzuwenden. Um so mehr ist es zu begrüßen, wenn nun aus der Region selbst eine erste spezielle Darstellung der Verhältnisse erfolgt.

Juni 1976

Gislind M. Ritz

BAUERNMÖBEL AUS DEM BAYERISCHEN WALD

Bauernmöbel erfreuen sich im Zuge einer allgemeinen Wertschätzung der Volkskunst immer größerer Beliebtheit. Sie bringen einen Hauch Romantik und Wärme in unsere oft so nüchternen, mit Einheitsmöbeln ausgestatteten Wohnungen. Für den Kenner und Liebhaber der Volkskunst sind diese bemalten Möbel in erster Linie die schönsten Zeugnisse einer großen Bewegung volkstümlichen künstlerischen Gestaltens, das zeitlich und landschaftlich bedingt ist. Denn gerade in Form und Auszier der Bauernmöbel konnte sich Volkskunst wohl am reichsten entfalten.
In den meisten Veröffentlichungen über Bauernmöbel sind die aus dem Bayerischen Wald aus Unkenntnis und mangels umfassender Museumsbestände nicht oder nur am Rande behandelt. Während die prunkvollen, oft überreichen Erzeugnisse anderer Möbellandschaften, z. B. des südlichen Oberbayern, besonders herausgestellt wurden, ist man erst in jüngster Zeit darauf aufmerksam geworden, daß dieses herbe Waldland so interessante und schöne Möbel hervorgebracht hat, die in ihrer Gesamterscheinung, in Vielgestaltigkeit, Eigenständigkeit und künstlerischer Aussagekraft der Malerei, kaum von einer anderen Landschaft überboten werden.
Diese Erscheinungsformen sind so zahlreich, daß es nicht möglich ist, sie in diesem Rahmen vollständig zu erfassen. Nur die wichtigsten noch vorhandenen Möbel mit charakteristischer Form und für abgrenzbare Gebiete gültigem Dekor aus den Dörfern, Märkten und kleineren Städten von der österreichischen Grenze bis in die Oberpfalz können hier aufgezeigt und vorgestellt werden. Anhand eines reichen Bildmaterials wird vor Augen geführt, was schöpferische Kräfte hier einst geleistet haben und daß sich hinter den schlichten, aber kraftvollen Werken eine eindrucksvolle Schönheit offenbart und sich oft ein heute meist nicht mehr auszudeutender, tiefer Sinngehalt verbirgt.
Gerade in den letzten Jahren sind bisher unbekannte Schätze in unerwartetem Ausmaß zum Vorschein gekommen, die auf Speichern und in Kammern, oft als Werkzeugschrank und Futterkisten die Entrümpelungen überstanden haben. Der Uneingeweihte kann sich kaum vorstellen, wieviele hunderte von Schränken und Truhen aus dem „Wald" in den vergangenen 10 Jahren von Händlern und Aufkäufern aus den entlegensten Einöden aufgestöbert, in die Städte oder zu weit entfernten Antiquitätenhändlern gebracht wurden. Ihre jetzigen Besitzer wissen meist nicht, woher sie stammen.
Nur ein kleiner Teil dieser Denkmäler unserer Volkskultur ist bei Sammlern und Liebhabern im Waldland geblieben. So manches wertvolle Stück ist dazu noch in unseren Tagen durch unfachmännisches Restaurieren verdorben worden.
Die Heimatmuseen des Bayerischen Waldes haben es leider versäumt, diese Schöpfungen der Volkskultur in größerem Umfange der Nachwelt als gesicherte bodenständige Dokumente zu erhalten. Dieser Zustand ist zugleich ein Grund für den bereits angedeuteten unbefriedigenden Stand der Forschung. Nun dürfte der Ausverkauf dieses heimischen Kulturgutes fast abgeschlossen sein. So ist es hauptsächlich einigen Sammlern in unserem Raum zu verdanken, daß hier doch noch

eine größere Anzahl von Bauernmöbeln erhalten geblieben ist. Erfreulicherweise haben auch das Stadtmuseum in Regensburg und das Bayer. Nationalmuseum in München mehrere ausgezeichnete Stücke gesichert. Diese noch erhalten gebliebenen, lokalisierbaren Exemplare zeigen uns jetzt, wie reich unsere karge Waldheimat einst an solchen Kunstwerken gewesen ist.

Die folgende Dokumentation soll auch dazu beitragen, daß die vielleicht hier und dort noch vorhandenen Schränke und Truhen nun entsprechend geschätzt und geachtet werden und dort verbleiben sollen, wohin sie einmal bestimmt waren. Auch heute wieder mögen sie zur Zierde und Freude des Hauses und der Menschen unserer Heimat gereichen.

Während in anderen Landschaften bestimmte Möbeltypen für ein größeres Gebiet vorherrschen, sind im Bayerischen Wald die Erscheinungsformen so zahlreich, daß oft schon von Dorf zu Dorf ganz individuelle Abwandlungen, ein Nebeneinander und Durchdringen der verschiedensten Arten zu finden sind. Bei diesem Reichtum an Formen und malerischem Dekor bedurfte es langjähriger Untersuchungen, um die häufig vorkommenden und für die jeweilige Gegend charakteristischen Zeugnisse zu erfassen.

Wenn mit diesem Buch die Absicht verfolgt wird, einen möglichst umfassenden Überblick über die wichtigsten bäuerlichen Möbeltypen des Bayerischen Waldes zu geben, so konnte der Lokalisierung der so zahlreichen Werkstätten und der meist anonymen Hersteller nicht bis ins letzte nachgegangen werden. Daß es aber in einigen Fällen möglich sein dürfte, die genauen Standorte zu ermitteln, zeigt die Entdeckung der Malerfamilie Liebl in Bernried durch den Verfasser. Den örtlichen Heimatkundlern und Heimatpflegern bietet sich damit ein weites Forschungsfeld an. Dabei werden mündliche Überlieferung, Bild- und Schriftquellen vermehrt zu berücksichtigen sein.

DIE ENTWICKLUNG DES BAUERNMÖBELS

Über die Begriffsbestimmung ist zu sagen, daß sich die Bezeichnung „Bauernmöbel" heute allgemein eingebürgert hat, obwohl besser von „volkstümlichen Möbeln" zu sprechen wäre. Denn wir wissen, daß diese Möbelstücke nicht nur für die Bauernhäuser bestimmt waren, sondern auch in den Wohnungen der ländlichen Handwerker und in Bürgerhäusern standen. Die Bauern waren auch nicht, bzw. nur in Ausnahmefällen, die Hersteller, aber sie waren die Hauptabnehmer. Zimmerleute, Drechsler und später vor allem Schreiner, also Handwerker, die mit der ländlichen Bevölkerung verbunden waren, haben diese Möbel hergestellt und sie auch bemalt.

Über die zeitliche Entwicklung der Bauernmöbel sind in den letzten Jahren bereits umfangreiche Abhandlungen veröffentlicht worden. Hier kann nur kurz darauf eingegangen werden.

Mit fortschreitender Kultur strebte der Mensch danach, seinen sich wandelnden Bedürfnissen entsprechend, einfache Behältnisse zum Aufbewahren von Nahrungsmitteln, Gerätschaften usw. anzufertigen. Ausgehöhlte Baumstämme sind als diese ersten Verwahrmöbel nachgewiesen. Mit dem Aufkommen von Berufen waren es zuerst die Zimmerleute, die neben dem Hausbau auch Möbel, meist Truhen, in Stollenbauweise herstellten. Nach ihrer Form und Bauart bezeichnet man diese frühen Behältnisse als Dach- oder Eckstollentruhen. Zimmerleute nahmen auch bald die dekorativen Ausgestaltungen vor. Sie begannen — manchmal zusammen mit sparsamer Malerei – Verzierungen, wie Sechsstern und Wirbelrosette in die Holzflächen zu ritzen, Zirkelschlagornamente, die oft dem gleichzeitigen Baudekor entsprachen. Diese frühesten Bauernmöbel wirken durch harmonische Maßverhältnisse und kraftvolle Ausstrahlung.

Später als die Truhe, in größerer Zahl erst im 18. Jahrhundert, kam in den ländlichen Wohnbereichen der Schrank in Gebrauch. Nach dem verwendeten Material unterscheiden wir eine Hartholz- und eine Weichholzzone. Während sich das in Norddeutschland verwendete Hartholz gut für Schnitzerei eignet, finden wir besonders im süddeutschen Raum das Weichholzmöbel, auf dem dann bald die Malerei die Oberfläche veredelnd dominiert.

In nachmittelalterlicher Zeit waren es dann die Schreiner, die mit neuen Konstruktionen, besonders nach der Erfindung der Brettersäge, sich hauptsächlich mit der Erzeugung von Möbeln für die ländliche Bevölkerung befaßten. Gleichzeitig wird die Bemalung der Möbelstücke reicher und feiner. Es folgt dann ein geradezu rätselhaftes Aufblühen dieser Volkskunst. Die ganze Spannweite des schöpferischen Gestaltens lebt sich nun in der Möbelmalerei in einer kaum darzustellenden Fülle aus.

Zu den frühen Ziertechniken gehört die Schablonenmalerei, schwarz auf Blankholz oder auf ochsenblutrotem Untergrund. Dann folgt, zuerst zurückhaltend, die mehrfarbige Freihandbemalung. Gegen Ende des 18. Jahrhunderts führt auch im Waldland ein vielgestaltiger, von Phantasie getragener Reichtum diese Volkskunst zu einem Höhepunkt. Das Schaffen der meist unbekannten Künstler

läßt mannigfaltige künstlerische Begabung erkennen, die von der rauhen Landschaft und der harten Auseinandersetzung der Menschen mit der Kargheit des Bodens geprägt wurde. Auch die verkehrsmäßige Erschließung, die sozialen und politischen Verhältnisse, haben die Entwicklung der bäuerlichen Möbelherstellung beeinflußt. So setzte im Bayerischen Wald weitgehend um 1750, also nach den verheerenden Erbfolgekriegen, die Möbelherstellung in stärkerem Maße ein. Die Freude des Volkes an abstrakten Formen und stilisierter Malerei, weniger an der prunkvollen Ausstattung naturalistischen Motiven, findet hier ihren deutlichen Ausdruck.
Städtische Stilelemente strömen ein, wenn auch in weit geringerem Umfang als in anderen Landschaften. Sie werden aber eigenständig verarbeitet und umgesetzt. Je nach Landschaften unterschiedlich kann man mittelalterliche, bei Truhen besonders aus der Renaissance abzuleitende Formeneinflüsse feststellen. Beim architektonischen Aufbau hat vornehmlich die Barockwelle ihren Einfluß hinterlassen. Im 19. Jahrhundert ist in einigen Gegenden auch ein Einwirken des Empire und des Klassizismus von den bürgerlichen Möbeln her zu spüren. Um 1850 wird dann der ländliche Handwerker so stark von der damaligen Geschmacksbildung beeinflußt, daß der eigenständigen bäuerlichen Möbelmalerei mit aufgeklebten Lithographien und neugotischen Stilformen ein Ausklingen bereitet wird. Aber noch bis 1862 konnten in abgelegenen Dörfern des Waldlandes Bauernmöbel mit urwüchsiger Malerei festgestellt werden.
Zu den im Bayerischen Wald erhaltenen ältesten Beispielen früher Möbel zählen eine Stollentruhe aus dem unteren Wald und eine große Truhe in schwarzer Schablonenmalerei mit der Jahreszahl 1697 und dem Motiv des Doppeladlers auf Blankholz aus dem nördlichen Gebiet. Aus der Gegend von Gotteszell sind mehrere schwarzschablonierte Truhen auf ochsenblutrotem Untergrund von 1678 und nach 1700 erhalten. Auf frühe, zimmermannsmäßige Gestaltung weisen auch die hier erfaßten alten Truhen aus Wegscheid, Obernzell, Gunterting bei Eging und aus Zwiesel hin.
Das älteste datierte Möbelstück jedoch ist ein Schrank aus dem Jahre 1665 aus Schwarzach bei Bogen. Ein niedriger Schrank aus der Gegend von Deggendorf in Renaissanceform dürfte ebenfalls noch aus der Zeit vor 1700 stammen. Um 1760 treten dann Schränke um Viechtach und Cham auf. Aus den Dörfern um Freyung ist eine größere Anzahl von Schränken um 1790 bekannt. Die meisten Zeugnisse waldlerischer Möbelkunst jedoch stammen aus den Jahren von 1800 bis 1840.
In der folgenden Darstellung der verschiedenen Möbeltypen soll, um eine Übersicht zu erreichen, nicht nach einer zeitlichen Folge vorgegangen werden. Das Gebiet des Bayerischen Waldes wird von Süden beginnend in bestimmte Möbellandschaften eingeteilt. Dabei ist eine exakte Abgrenzung der Landschaften nicht möglich. Die vielen einzelnen Werkstätten lieferten ihre Erzeugnisse in einen mehr oder weniger weiten Umkreis. Noch mehr Bauernmöbel wanderten durch Einheirat oft in weit entfernte Gegenden. Trotzdem kann anhand der in gewissen Räumen häufig vorkommenden Möbelarten eine bestimmte Einordnung nach Form und Dekor vorgenommen werden. Dazu wurden zur besseren Erläuterung in erster Linie Schränke gewählt, da bei dieser Möbelart die stilistischen und malerischen Eigenheiten besser zum Ausdruck kommen.

VON PASSAU WALDEINWÄRTS

In der verhältnismäßig fruchtbaren und wohlhabenden bäuerlichen Landschaft von Passau über Salzweg bis etwa Röhrnbach ist eine Reihe gleichartiger Schränke bekannt geworden, die in der äußeren Form eine anspruchsvolle Ausstattung zeigen, wie wir sie im Bayerischen Wald selten finden. Das mehrfach abgestufte, vorstehende Gesims ist zu einem geraden Abschluß geschweift hochgezogen; dabei ist die oberste Simsleiste aus kleinen Stückchen zusammengesetzt. Demselben Schwung folgen auch die Türen. Auf den Eckschrägen sind oben und unten geschnitzte Pilaster ausgebildet. Auch die Türschlagleiste ist als Pilaster geschnitzt und bunt marmoriert. Der Farbgrund wechselt bei den noch erhaltenen Schränken vom verhaltenen Ockergelb bis zur weiß-roten oder weiß-lila Streifenmalerei. Die Bezeichnung „Passauer Schildermalerei" dürfte von dieser Malweise abgeleitet sein, denn sie ähnelt der Musterung der einstigen Schildwachenhäuschen.
Der Schrank von 1828 aus Sölling bei Denkhof (Abb. 1), zu dem auch eine gleichbemalte Truhe vorhanden ist, verkörpert diesen vorherrschenden Schranktypus am besten. In eingerahmte Türfelder sind volle, üppige, durchaus nicht naturalistisch gestaltete Blumen, manchmal in der Art von Wirbelrosetten, große Rosenknospen und andere phantasievolle Blumen kraftvoll gemalt. An den Seiten unter den oberen Blumenfeldern stehen eigenartige Rechtecke in farbiger Musterung. Unter dem Sims und auf den Schmalseiten laufen girlandenartige Verzierungen. Die vom Barock abgeleitete Bauform vereinigt sich mit der warmen, satten Farbigkeit zu einer freudigen, aber gediegenen Fülle. Simsleisten und Einrahmungen der Felder können manchmal auch vergoldet sein, wie es auf dem Schrank aus Salzweg (Abb. 2) der Fall ist. Dies ist wohl auf einen stärkeren bürgerlichen, mehr noch von Kirchenausstattungen geprägten Einfluß zurückzuführen. Die Schränke sind zweitürig. Nur ein einziger eintüriger Kasten ist bekannt.
In Richtung Obernzell und Wegscheid hat sich eine besonders eigenartige Möbelmalerei herausgebildet. Hier kommen wir in die Gegend, in der das Motiv der großen Einzelblume und der Bäume auf einer welligen Landschaft vorherrscht. (Abb. 3). Diese auch als „Wegscheider Möbel" bezeichneten Schränke und Truhen sind in ihrer Grundfarbe meist weiß-blau oder weiß-grün gestreift, die Ecken der aufgemalten Füllungen sind in der Regel mit weiß-roten Zwickeln ausgefüllt. Dieser Farbklang könnte von den Farben des früheren „Bistums" abgeleitet sein. Charakteristisch für die architektonische Form ist ein abnehmbarer, weit hervorspringender Aufsatz. Er ist meist nicht mehr vorhanden oder später durch andere Leisten ersetzt. Diese Möbel lassen in ihrem Aufbau einen gewissen Einfluß aus dem angrenzenden österreichischen Linzer Gebiet spürbar werden. Neben der groß ausgebildeten runden

Rosette als Hauptmotiv finden wir in der Malerei auch dreisprossige rote Tulpen (Abb. 4) oder nelkenartige Blumen als Dekor. Unter dem Gesims läuft fast immer ein Fries mit stilisierten Bäumen oder Blumen.

Aus der Gegend um Wegscheid und Obernzell sind noch mehrere frühe Truhen mit zimmermannsmäßiger Auszier erhalten, die vor oder um 1700 entstanden sein dürften. Eine hohe Truhe aus Meßnerschlag zeigt sechs große Radornamente, die eingeritzt und sparsam in den Farben schwarz, rot, gelbgrün und weiß ausgeschmück sind (Abb. 5). Diese Truhe stand weder auf Füßen noch auf einem Sockel.

In Kasberg bei Wegscheid hat sich noch eine gut erhaltene Eckstollentruhe gefunden. Schmale, behauene Buchenbretter wurden von Zimmerleuten als Wände und Deckel in die Schlitze der Stollen eingeschoben. Radsterne, Halbkreise und Linienornamente sind als Verzierungen eingeritzt (Abb. 6). Bei einer weiteren Truhe aus Obernzell fällt die reiche Gliederung der Vorderseite durch profilierte Leisten auf. Als Schmuckmotiv erscheint neben dem flächig, abstrakt gehaltenen Blumenmotiv das Malteserkreuz, wie wir es noch mehrmals auf Truhen im Bayerischen Wald finden (Abb. 7).

Die in Sammlerkreisen allgemein als „Passauer Schrank" bezeichnete Kastenform tritt weniger in der direkten Umgebung von Passau auf, sondern vielmehr rechts und links der Donau, besonders aber auf der Waldseite von Vilshofen bis Hengersberg. Das Gesims dieser Schränke ist treppenartig und abgeflacht. Sie sind höher und wirken strenger als die sonstigen Schränke des Bayerischen Waldes. Der bürgerliche Einfluß ist spürbar. Türen und Seitenfenster sind mit je einem kräftigen Rosensproß gefüllt (Abb. 8). Die Form der Blüten ist auf allen derartigen Möbelstücken sehr ähnlich. Häufig sind diese Schränke mit einem weit ausladenden Gesims groß und wuchtig aufgebaut. Ihre Grundfarbe ist anfangs blaugrün (Abb. 9), später, ab etwa 1830 folgt braunrote Streifenmalerei. Die sehr zahlreich zum Vorschein gekommenen datierten Schränke stammen aus der Zeit von 1816 bis 1852.

In den Walddörfern links der Donau konnten mehrere Schränke und Truhen mit großartigen, schwungvoll gemalten Heiligenbildern festgestellt werden, die mit der damaligen Hinterglasmalerei zusammenhängen (Abb. 10). Die Malerei ist auf dünne Holzblätter gemalt, die auf die oberen Türfelder geleimt wurden. Mit großer Wahrscheinlichkeit handelt es sich bei diesen routiniert gemalten Heiligenbildern um Arbeiten, die von einem Hinterglasmaler oder Vorlagenmaler erworben wurden. Damit erklärt sich auch die weitaus schlichtere Bemalung der übrigen Teile des Schrankes durch den Schreiner. Als Schutz- und Namenspatrone fanden diese religiösen Motive – figürlich gemalte Heilige – auf den Möbeln Eingang in die Wohnungen.

Diesen Schränken ist meist ein ockergelber Grundton eigen. Daß sich in abgelegenen Gegenden, wie der Bayerische Wald einmal war, alte Möbelformen und Ornamente manchmal noch recht lange erhalten haben, zeigt ein eintüriger Schrank dieser Art von 1862, der mit seinen kräftigen Wellenbändern und reduzierten Ornamenten geradezu betont abstrakt wirkt (Abb. 11).

Aus der Gegend von Eging stammen interessante Schränke, die schmale, lange und eingeschnitzte Türfüllungen mit zierlichen Blumenmotiven aufweisen (Abb. 12).

Auf einer frühen Truhe aus Gunterting bei Eging sehen wir auf der dreiteiligen Vorderseite als Mittelpunkt kleine Radsterne mit Zackenbändern und Wellenlinien als raumfüllende Auszier auf Blankholz(Abb. 13). Der Sechsstern, hier in Form des Radsterns, ein aus dem Kreis entwickeltes Ornament, dürfte der Volksmeinung nach die gleiche Bedeutung haben, wie das sonst häufigere Pentagramm – der sogenannte Drudenfuß – der als Schutz- und Abwehrzeichen gegen unheilbringende Kräfte galt. Mehrfach belegt ist ein Schranktyp zwischen Hutthurm und Tittling mit weißblauer Streifenmalerei. Die Ausschmückung der Felder ist auf dreisprossige Blumenmotive reduziert (Abb. 14). Als Besonderheit gilt ein um 1800 entstandener Schrank in feiner, zurückhaltender Farbgebung, auf dem in den oberen Feldern stark stilisierte Häuser und unten zwei springende Hirsche in einer Baumlandschaft erscheinen (Abb. 15). Der Hirsch ist ein beliebtes Motiv in der Volkskunst. Ein verwandter Schranktyp mit ähnlichem Kammzugmuster wurde auch drüberhalb der Donau festgestellt. Bei diesem Schrank begegnen wir übrigens zum ersten Mal der braunen Kammzugtechnik, einer Grundbemalung, die hauptsächlich im oberen Bayerischen Wald, im südlichen Teil jedoch selten vorkommt.

Bei der als „Kammzug" bezeichneten Maltechnik wird die auf hellbraunem oder gelbem Grund aufgetragene dunkelbraune Farbe vor ihrem Eintrocknen durch vielerlei Hilfsmittel, wie Stäbchen, Kämme, Pinsel usw. weggezogen, so daß die hellere Grundfarbe in verschiedenen Zierformen zum Vorschein kommt. Mit dieser Technik wurde in den Anfängen die Holzmaserierung nachgeahmt. In der weiteren Entwicklung hat sich dann diese Flächenbehandlung zu einer eigenwertigen, künstlerischen Zierform verselbständigt.

Eine Eigenart der Schränke des Bayerischen Waldes ist auch, daß sie im Gegensatz zum angrenzenden Rottal, sehr selten in zwei Teile zerlegbar sind.

Abb. 1: Schrank aus Sölling bei Denkhof, 1828
Passauer Truhe mit Madonna, 1805; auf dem Unterteil Wölfe als Wappentiere mit Messerklingen
Standort: Zwiesel, Sammlung Fastner

Abb. 2: Schrank aus Salzweg bei Passau, um 1820
Standort: Passau, Sammlung Dr. Böhmisch

Abb. 3: Schrank aus Wegscheid, um 1810
Standort: Landshut, U. Langer

Abb. 4: Schrank aus Gollnerberg, Anf. 19. Jh.
Standort: Wegscheid, Handweberei Moser

Abb. 5: Truhe aus Meßnerschlag bei Wegscheid, um 1700
Standort: Zwiesel, Sammlung Fastner

Abb. 6: Stollentruhe aus Kasberg b. Wegscheid mit eingeritzten Ornamenten, 17. Jh.
Standort: Bauernmöbelmuseum Grafenau

Abb. 7: Truhe aus Obernzell, um 1700
Standort: Bauernmöbelmuseum Grafenau

Abb. 8: Truhe aus Wegscheid, Anfang 19. Jh.
Standort: Wegscheid, Handweberei Moser

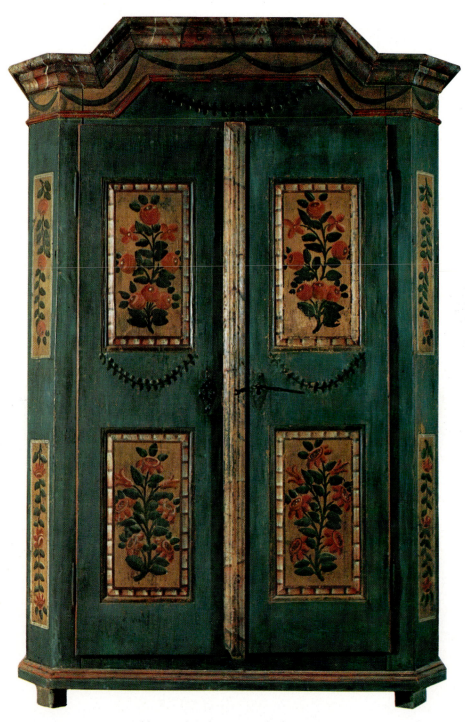

Abb. 9: Schrank aus Windorf, um 1820
Standort: Obernzell, D. Hutter

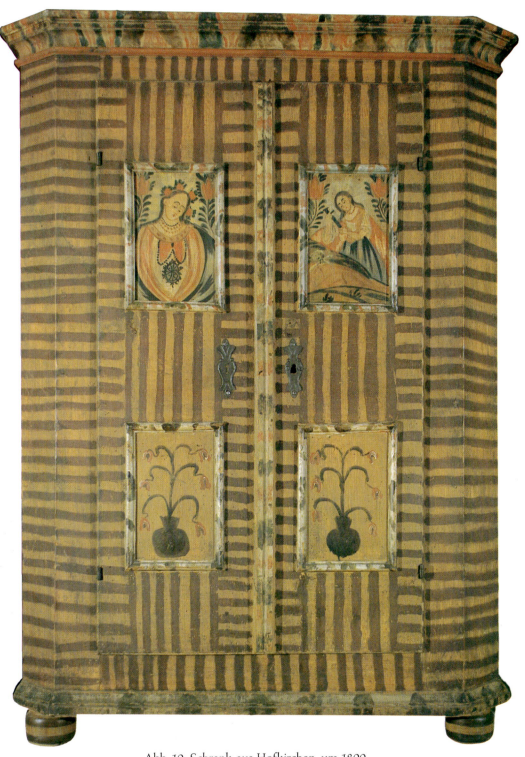

Abb. 10: Schrank aus Hofkirchen, um 1800
Standort: Bauernmöbelmuseum Grafenau

Abb. 11: Schrank aus Aicha vorm Wald, 1862
Standort: Furth i. Wald, R. Macho

Abb. 12: Schrank aus Eging, um 1700
Standort: Zwiesel, K. Löw

Abb. 13: Truhe aus Gunterting b. Eging, um 1700
Standort: Zwiesel, Sammlung Fastner

Abb. 14: Schrank aus Tittling, weiß/blau gestreift, 1812
Standort: Zwiesel, H. Ficker

Abb. 15: Schrank aus Tiefenbach b. Passau, um 1800
Standort: Bauernmöbelmuseum Grafenau

DAS DREISESSELGEBIET

In den Dörfern vor dem Dreisessel finden wir eine besonders charakteristische Möbelmalerei. Eine heitere Ausstrahlung geht von ihr aus. Die Schränke aus diesem Gebiet zeigen eine vielfältige malerische Abwandlung des dort typischen Nelken- und Tulpendekors. Nach ihrem häufigen Vorkommen spricht man auch von „Breitenberger" Möbeln.

Bevor wir aber auf diese Haupterscheinung eingehen, wollen wir uns noch mit der Übergangszone von Wegscheid in das eigentliche Dreisesselgebiet befassen, mit der Gegend von Waldkirchen. Hier finden sich zwar vielfach die Hauptmerkmale des Wegscheider oder des Breitenberger Typus, die etwas strengere Ausführung dieser bekannten Motive läßt jedoch auf besondere Werkstätten in diesen Dörfern schließen. Die Blumen- und Baumornamente sind kräftiger, flächiger und in verhalteneren Farben ausgeführt (Abb. 16). Daneben tauchen mehrmals Exemplare eines ganz eigenständigen Schranktypus auf, bei dem ein stärkerer Einfluß der Biedermeiermalerei auffällt. Diese stilistischen Einflüsse sind wieder recht volkstümlich umgestaltet: Füllige Rosengebilde in zarten Farben sind auf den Türen und Seitenflächen gekonnt aufgesetzt. Dieselben Rosen ziehen sich schwungvoll in einem breiten Fries unter dem Gesims um den ganzen Schrank. Die Bemalung macht insgesamt einen eleganten Eindruck. Sie bringt auch die kühlen Töne des Klassizismus, vorwiegend ein gebrochenes, helles, kaltes Grün (Abb. 17). Einige Schränke aus dieser Gegend zeigen dagegen eine einfache stilisierte Malweise (Abb. 20). Sternartige rote Blumen und Tulpensprossen sind auf kräftig blaugrundige Felder gesetzt.

Aus der Dreisessellandschaft sind in den letzten Jahren hunderte von Schränken in den Handel gelangt. In manchen Häusern standen noch vor wenigen Jahren bis zu 12 bemalte Schränke. Mehrere charakteristische Zeugnisse dieser Möbel in Sammlerhänden können heute noch vorgestellt werden. Sie machen in ihrem dekorativen Reichtum und ihrer zarten Bemalung einen sehr ansprechenden Eindruck. Die äußere Form bestimmt ein beachtlicher mehrstufiger Gesimsaufbau mit Kapitellen an den Eckschrägen. Auch die Fußleisten sind meist kräftig profiliert. Diese Schränke sind Zeugnis einer guten Handwerksarbeit der ländlichen Schreiner. Sie entstanden meist im 19. Jahrhundert. Die charakteristischen Nelken- und Blumenmotive sind auf weiße, glatte Felder gemalt. In der Grundfarbe herrscht die blau-weiße Streifenmalerei vor. Auch ein Blaugrau oder Hellgrau ist mehrmals zu finden. Später, um 1840, wird die Grundierung einfach sattbraun. Auf den Seitenfeldern sind große Tulpensproßen oder Bäume mit kräftigen Kronen gemalt. Die Maltechnik ist eine Besonderheit. Die Motive sind nämlich mit stark pastosem Farbbinder erhaben ausgeführt. Simsleisten und Schlagleisten leuchten in einer weiß-roten und weiß-grünen Marmorierung und geben ein Bild kraftvoller Buntheit. Mit dieser Ziertechnik wollte man den kostbaren Marmor imitieren, wie man in der Barockzeit in den Kirchen, Säulen, Kanzeln und Altäre aus Holz und Stuck dem Marmor

täuschend ähnlich ausgeführt hat. In der Volkskunst wurde dann diese Technik oft zu reizenden Farbkompositionen umgearbeitet.
In diese Schrankgruppe wird nach dem farblichen Gesamteindruck auch der große, prächtige Schrank im Heimatmuseum Grafenau mit den Bildern von Jesus und Maria einzuordnen sein (Abb. 22). In seinem außerordentlich guten Erhaltungszustand gibt er ein Beispiel dafür, welche Leuchtkraft die Malerei dieser Schränke ursprünglich besaß. Die Felder tragen folgende Inschriften:

„Liebe und fürchte Gott.
Wirst Glicklich sein Hier und dort" —

„Gieb mir dein Herz ins mein.
Wie kann die Lieb noch Gresser sein".

Auf Schränken dieser Art finden wir häufig auch paarige Vogeldarstellungen. Sie sind als „Gimpelschränke" bekannt geworden (Abb. 23). Die Breitenberger Möbel sind übrigens nicht auf das erwähnte Gebiet beschränkt. Wir finden Exemplare davon auch in der Gegend von Freyung bis hinauf nach Grafenau. In den Herzen neben den Vögeln steht eine 3, was mundartlich Treue bedeutet. In seinen grundlegenden Untersuchungen „Die volkstümliche Möbelmalerei in Altbayern" führte Torsten Gebhard im Bayerischen Heimatschutz 1937 aus den Passauer Zunftbüchern Möbelwerkstätten in Waldkirchen, Jandelsbrunn und Klafferstraß an. In Klafferstraß war die Schreinerfamilie Joachim Ascher ansässig (1769 Michael Ascher, ab 1802 Sohn Michael). Ein Sohn Joachim Ascher arbeitete in Wollaberg. Als einen weiteren Möbelmaler verzeichnet das Passauer Zunftbuch schon 1759 einen Johann Seidl „von der neuen Welt" (Breitenberg).
Die Folgerungen von T. Gebhard, daß die Möbelherstellung aus den angrenzenden deutschen Dörfern des Böhmerwaldes die Möbelmalerei auf der bayerischen Seite stark beeinflußt haben dürfte, kann nur bestätigt werden. Ein Schrank aus Landstraßen und mehrere Truhen aus den Dörfern jenseits der Grenze weisen eine starke Ähnlichkeit in der Malerei mit den Möbeln des Dreisesselgebietes auf. Auch dort treten die typischen Baummotive auf welligen Hügellandschaften auf. So nennt T. Gebhard die Werkstätte eines Alleskönners aus Wallern, nämlich die des Ignaz Schraml. Dieser bezeichnet sich 1834 als Maler, Bildhauer, Staffierer und Schreiner. Ein Schreiner Johann Tauber ließ sich 1828 in Hohenau nieder. Er hatte zuvor in der Gegend von Winterberg die Möbelmalerei erlernt.
Eine häufig etwas später auftretende Möbelart, von der es verhältnismäßig viel Truhen gibt, zeigt einen hellen Blumendekor in runden Kartuschen auf weißen Türfeldern. Unter dem Sims läuft eine schwarz gezeichnete Bogenreihe. Die Grundfarbe ist ein einfarbiges Grün oder Braun (Abb. 24). Schränke mit sehr ähnlicher Bemalung sind auch im angrenzenden Mühlviertel festgestellt worden. Im südlichen Bayerischen Wald sind eintürige Schränke höchst selten anzutreffen. Damit ist schon

der allgemeinen Behauptung zu widersprechen, daß der Durchschnittsschrank im Bayerischen Wald eintürig sei.

Truhen kommen im Dreisesselgebiet häufig vor. Sie sind verhältnismäßig klein, schlicht und ohne Leistengliederung der Vorderseite ausgeführt. Auf der Schauseite und den Seitenfüllungen, sowie auf dem Deckel, sind ähnliche Motive wie auf den Schränken, meist Bäume in Verbindung mit extrem stilisierten Hügellandschaften (Abb. 25). Auch ein Himmelbett aus dem Jahre 1820 aus Rastbüchl bei Breitenberg kann in der typischen Ausmalung aufgezeigt werden (Abb. 26), ebenso ein reizendes Aufsatzbett aus dem Freyunger Heimatmuseum (Abb. 27).

Abb. 16: Schrank aus dem Dreisesselgebiet,
Grundfarbe hellgrün, um 1830
Standort: Waldkirchen, Dr. Taeger

Abb. 17: Schrank aus der Umgebung von
Waldkirchen, um 1820
Standort: München, G. Essig

Abb. 19: Eintüriger Schrank aus dem
Dreisesselgebiet, 1834
Standort: Waldkirchen, Dr. Taeger

Abb. 18: Schrank aus der Gegend von
Waldkirchen, um 1810
Standort: Grafenau, Sammlung Wiedemann

Abb. 20: Schrank aus Kaltwasser b. Waldkirchen, 1835
Standort: Bauernmöbelmuseum Grafenau

Abb. 21: Schrank aus dem Dreisesselgebiet, rot-schwarz gestreift, 1844
Standort: Waldkirchen, Dr. Schild

Abb. 22: Schrank aus dem Dreisesselgebiet, um 1800
Standort: Grafenau, Bauernmöbelmuseum

Abb. 23: Schrank aus Grainet, 1836
Standort: Zwiesel, Sammlung Kammerer

Abb. 24: Schrank aus dem Dreisesselgebiet, um 1840
Standort: Waldkirchen/Sattlmühle, C. Madeker

Abb. 25: Truhe aus Grainet, 1836
Standort: Zwiesel, Sammlung Kammerer

Abb. 26: Himmelbett aus Rastbüchl bei Breitenberg,
Grundfarbe grün, 1820
Standort: Waldkirchen, H. Falk

Abb. 27: Aufsatzbett aus dem Dreisesselgebiet, um 1820
Standort: Heimatmuseum Wolfstein

FREYUNG—GRAFENAU

Südlich von Freyung fanden sich neben den Möbelarten aus dem Dreisesselgebiet außerordentlich interessante Schranktypen. Hier sind vor allem Schränke anzuführen, die schon äußerlich durch eine gedrungene Form auffallen. Ihre Bemalung läßt auf eine besonders eigenwillige Persönlichkeit des Fertigers schließen. So sind auf einem Schrank aus Kronwinkl bei Freyung (Abb. 28) in den oberen, stark herausgearbeiteten Feldern in unbefangener Art Zimmermannswerkzeuge in einem eigenartigen Schlingpflanzendekor einbezogen. Breithacke, Bohrer, Zirkel, Stemmeisen, Spannsäge usw. stehen schwarz auf olivgrundigen Feldern. Dieser ausdrucksstarke Schrank zeigt, daß sich auch das Berufsleben in der Möbelmalerei wiederspiegelt und zwar in einer ungemein freien, ungezwungenen und selbstbewußten Ausführung. Das stattlich wirkende Stück hat abgeschrägte Ecken und steht auf verhältnismäßig kleinen Füßen. Auf den Seitenflächen ist unter anderem in der gleichen flotten Malweise ein Haus dargestellt. Über den Türen erscheinen in einer Umrandung neben der Jahreszahl 1794 die Initialen der Besitzer. Zwei stilisierte Gockel finden sich an den Seiten.

Aus derselben Werkstatt muß ein gleichartiger Schrank von 1798 stammen, der auf dem oberen Fries zwischen krötenähnlichen Gebilden noch weitere geschnitzte Ornamente aufgesetzt hat (Abb. 29). Ihre Deutung ist nicht leicht und muß vorläufig – solange nicht weiteres Vergleichsmaterial vorliegt – offengelassen werden. An die Verwendung solcher Darstellungen als Fruchtbarkeitssymbol ist zu denken. Im unteren Fries erscheint neben „Maria" das IHS als Heilszeichen und Monogramm Christi. Man erhält auch bei diesem Schrank den Eindruck, daß er freiweg gemalt wurde. Diese Art der Bemalung einer Reihe von derartigen Schränken gibt eine Vorstellung von der Fähigkeit zum abstrahierenden Gestalten der Waldlermöbel.

Eine weitere zahlenmäßig stark belegte Gruppe von Schränken, die in der architektonischen Form der besprochenen Art ähnelt, aber wieder eine ganz andere eigenständige Malerei aufweist, hat sich um Hohenau und Haslach gefunden. Die nur als zweitürig bekannten Schränke sind ebenfalls untersetzt, haben konkav herausgearbeitete Türfüllungen und zurückhaltende Simsleisten. Die Füllungen sind meist länglich und weiß grundiert. Auf ihnen sind stilisierte Blumen gemalt, oder besser gesagt, gezeichnet (Abb. 30). Sie sind meist einfarbig in orange, braunrot oder kirschrot ausgeführt, seltener auch in mehreren Farben gestaltet. Dabei tragen die Türfelder vier verschiedene Pflanzenmotive. Hier zeigt sich wieder das Reduzieren auf Einfachformen, als Hauptmerkmal der Möbelmalerei im Bayerischen Wald überhaupt. Nicht die Wirklichkeit galt es abzubilden, sondern vielmehr naturalistische Bildformen zu stilisieren.

Bei diesen Schränken lebt sich nun auch die Kammalerei als eigene Schmucktechnik aus. Neben Streifenmustern, Wellenbändern und Tupfenornamenten sind Radsterne, große stilisierte Blumen und Bäume in der hell-dunkelbraunen Maltechnik herausgearbeitet.

Schränke aus der Umgebung von Grafenau mit Gittermustern zeigen, daß die ganze Auszier manchmal ausschließlich in Kammalerei erfolgt ist.

In dem Dorf Oberseilberg bei Grainet, in das erst seit einigen Jahren eine Autostraße führt, hatte sich eine größere Zahl verschiedenartiger, für diese Landschaft typischer Schränke, erhalten. Auf einer Art finden wir einen verhältnismäßig reichen Schnitzdekor, einen kräftigen schreinermäßigen Aufbau und Felder mit eingeschnittenen Umrahmungen. Wenn auch im Waldland Schnitzverzierungen im allgemeinen zurücktreten, – das verwendete Fichtenholz eignet sich nicht gut dafür –, so haben wir doch eine Anzahl schöner Beispiele mit Schnitzausführungen (Abb. 31). Einige Vertreter dieser Art zeigen ein sehr prächtig ausgebildetes Gesims.

Bei einem anderen in Unterseilberg erworbenen Schrank um 1781 sind die blaugrünen Grundflächen mit kräftigfarbigen Streifen sowie weißen und roten Tulpensprossen ausgeschmückt, die aus vielen nebeneinandergereihten Vasen am Fuß des Schrankes hochsteigen (Abb. 32).

Nach Aussagen des früheren Besitzers befand sich auf dem ursprünglichen Bauernhof eine ganze Zimmerausstattung in der gleichen Bemalung. Die Reihe der Seilberger Schränke wird fortgesetzt mit einem ausdrucksstarken Schrank von 1798 aus Rehberg (Abb. 33). Auch hier finden wir wieder eine blaugrüne Grundfarbe in der Streifenmalerei.

Besonders häufig ist in dieser Gegend das Motiv der stilisierten Bäume auf allen möglichen Flächen der Schränke. Sie sind wohl als zeichenhaft verkürzte Darstellung der umgebenden Natur aufzufassen. Eine Besonderheit der Gegend unter dem Lusen ist ein kleiner Schrank aus Raimundsreut mit barockem Aufbau. Er zeigt zwei Grenadiere auf den Schmalseiten und über den Blumenfeldern Christus am Kreuz in der Mitte des Simses. In der Zeichnung dieser Figur sehen wir eine der seltenen Übereinstimmungen mit der graphischen Ausführung der berühmten Hinterglasmalerei aus diesem kleinen Walddorf (Abb. 35).

Ein weiterer Möbeltyp, der hier heimisch ist, wird durch einen Schrank mit der zugehörigen Truhe aus Hinterschmiding vertreten (Abb. 36). Langstielige Tulpen schmücken die weißen Felder der blaugrünen Möbel. Die Eckseiten ziert ein weiß-rotes Band mit dem Ornament des „laufenden Hundes", auf einem Glas des Bayerischen Waldes aus der ersten Hälfte des 19. Jahrhunderts auch als „Lebenslinie" bezeichnet. Das beherrschende Linienwerk der Tulpenstengel und der Zierbänder zeigt große Sicherheit in der einfachen und dennoch harmonisch beschwingten Zeichnung.

In der Gegend von Freyung und auch um Waldkirchen erschienen mehrere Schränke, die zu einer rötlichbraunen Streifenmalerei in den eingeschnittenen Türfüllungen Landschafts- und Baummotive in der gleichen braunen Zeichnung tragen. Diese Bilder erinnern stark an die englische Porzellanmalerei der Biedermeierzeit (Abb. 37).

Um Herzogsreut sind Schränke bekannt, die gleichartige, für diese Gegend sehr schwungvoll gemalte Blumen- und Vogelmotive zeigen (Abb. 39).

Ein Schrank aus Hohenröhren (Abb. 38) verkörpert wieder die dort charakteristische Möbelmalerei in sehr stilisierender Ausführung. Die zugehörige Werkstatt dürfte sich in Mauth befunden haben, wo in den alten Zunftbüchern schon vor 1800 ein Möbelschreiner nachgewiesen ist.

In den Ortschaften westlich von Grafenau wurde ein Schranktyp bekannt, der durch eine besonders

dekorative Malerei hervorsticht (Abb. 40). Nach der Belegungsdichte wird die Werkstatt für dieses Möbel in oder um Perlesreut zu suchen sein. Bei diesen ebenfalls nur in zweitüriger Ausführung bekannten Schränken sind neben den Feldern auch die übrigen Schrankflächen auf der Vorderseite bemalt (Abb.). Ein Schrank in ähnlicher heiterer Farbgebung vom Jahr 1798 aus dem Regensburger Stadtmuseum ist als Vorläufer in die gleiche Gruppe einzuordnen (Abb. 41).
Bei Perlesreut ist noch eine andere eigenständige Variante der Möbelmalerei anzutreffen. Es handelt sich um Truhen und Schränke mit gleichartigen Tulpenmotiven, die erhaben auf kleinere, stark herausgearbeitete Schrankfüllungen gesetzt sind. Als Grundfarbe tritt eine stark betonte, braune Streifenmalerei auf (Abb. 42).
Zum Fundus des Heimatmuseums in Grafenau zählen auch zwei schöne Schränke, bei denen eine interessante, feine Farbabstimmung aufkommt (Abb. 43 u. 44). Sie können noch als Ausläufer des angrenzenden Dreisesselgebietes angesehen werden, haben jedoch durchaus ihr eigenes Gepräge. Bei dem einen Schrank deutet die teilweise lateinische Aufschrift „Anna Maria Stadlerin sponsatua 1810" darauf hin, daß er, wie wohl die meisten der verzierten Schränke, zur Hochzeit angefertigt wurde. Oftmals geschah dies durch den Schreiner „auf der Stör", also auf dem Bauernhof selbst.
Die Bauernmöbel, Schrank, Truhe, Bett und Wiege fanden meist im Zuge des ländlichen Brauchtums auf dem „Kammerwagen" als Prunkstück Eingang in Haus. Ein Foto eines solchen Kammerwagens aus de Jahre 1926 aus St. Oswald zeigt, daß dieser Brauch bis vor nicht allzulanger Zeit in den Walddörfern noch lebendig war (Abb. 45). Da es sich bei den Möbeln auf diesem Wagen offensichtlich nicht um neugefertigte Stücke handelt, gibt die Aufnahme Zeugnis davon, wie zu dieser Zeit ererbte Möbel in der ländlichen Bevölkerung zumindest noch vereinzelt als Prunkmöbel benützt und geachtet wurden.
Daß auf manchem Schrank zwei Jahreszahlen festzustellen sind – wobei die ältere, übermalte, meist durchschlägt – findet auch mit diesem Hochzeitsbrauch seine Erklärung. So wurden bisweilen ererbte Stücke nochmals mit dem Jahr der Hochzeit versehen und dann mit der Aussteuer der Braut auf dem offenen Leiterwagen sichtbar, dem sogenannten „Kammerwagen", in das Haus des Bräutigams gefahren.
Für die Möbelmalerei um Schönberg kann ein Schrank aufgezeigt werden, der auf den oberen Feldern Blumen in einer Phantasielandschaft und unten schön marmorierte Felder zeigt (Abb. 46). Der auf der Seite 64 abgebildete Schrank dokumentiert, wie die eigenständige schöpferische Kraft nach der Mitte des 19. Jahrhunderts zu erlöschen begann. In dieser Zeit setzte eine starke „Geschmacksbildung" auf die ländlichen Bereiche ein und beeinflußte die Möbelherstellung entscheidend. Neugotische Stilelemente werden von den Handwerkern übernommen. Anstelle der stilisierten, kraftvollen Malerei werden die nun in den Handel gekommenen Lithographien aufgeklebt. Diese uns heute weniger ansprechenden, in Massen erzeugten Bilder, verdrängten die Malerei in de Türfeldern.

Abb. 28: Schrank aus Kronwinkl bei Grainet mit Zimmermannswerkzeugen, 1794
Standort: Zwiesel, Sammlung Fastner

Abb. 29: Schrank aus der Gegend von Freyung, 1798
Standort: Bauernmöbelmuseum Grafenau

Abb. 30: Schrank aus Haslach bei Grafenau, 1813
Standort: Grafenau, Sammlung Wiedemann

Abb. 31: Schrank aus Oberseilberg b. Freyung, um 1790
Standort: Zwiesel, Sammlung Fastner

Abb. 32: Schrank aus Unterseilberg bei Freyung, 1781
Standort: Waldkirchen, Dr. Taeger

Abb. 33: Schrank aus Rehberg b. Freyung, 1798
Standort: Waldkirchen/Sattlmühle, C. Madeker

Abb. 34: Schrank aus Sonndorf b. Freyung, Grundfarbe hell-dunkelbraun, 1797
Standort: Freyung v. W., Sammlung Turek

Abb. 35: Schrank aus Raimundsreut, um 1820
Höhe 160,5 cm, Breite 122 cm, Tiefe 52,5 cm
Standort: Grafenau, Sammlung Wiedemann

Abb. 36: Schrank aus Hinterschmiding, 1808
Standort: Zwiesel, Sammlung Fastner

Abb. 38: Schrank aus Hohenröhren
bei Mauth, 1825
Standort: Freyung, Sammlung Turek

Abb. 37: Schrank aus Hohenau,
Grundfarbe braun, in den Feldern
Landschaftsdarstellungen, die an die engl.
Porzellanmalerei erinnert, um 1820
Standort: Freyung v. W., Sammlung Turek

Abb. 39: Schrank aus Herzogsreut, Grundfarbe grün, 1793
Standort: Freyung v. W., Sammlung Turek

Abb. 40: Schrank aus Perlesreut, 1824
Standort: Weiden, Sammlung Dr. Gamringer

Abb. 41: Schrank aus der Nähe von Tittling, brauner Kammzuggrund, 1798
Standort: Regensburg, Stadtmuseum

Abb. 42: Schrank erworben in Heinrichsbrunn, um 1815
Standort: Freyung, Sammlung Turek

Abb. 43: Schrank aus der Gegend von Freyung, 1791
Standort: Grafenau, Bauernmöbelmuseum

Abb. 44: Schrank aus der Gegend von Grafenau mit der teils lateinischen Aufschrift „Anna Maria Stadlerin sponsatua 1810"
Standort: Grafenau, Bauernmöbelmuseum

Abb. 45: Ein Kammerwagen vom Pausenhof in St. Oswald nach einer Aufnahme aus dem Jahre 1927. Das Aufrichten des Kammerwagens geschah nach einem seit alters her überlieferten Brauch. Die einzelnen Ausstattungsgegenstände wurden in einer bestimmten Reihenfolge geladen. Auf dem Vorderteil des Kammerwagens kamen z. B. das bandgeschmückte Spinnrad, der Spinnrocken und das Brautbett. In einem Korb lagen Krapfen für die Kinder bereit, die dem Gespann „vorgezogen" haben. Der Wagen selbst wurde vom Schreiner beladen, der die Möbel auf dem Bauernhof hergestellt hatte. Dieser zog dabei die „Schleif" stark an und mußte durch ein Trinkgeld dazu gestimmt werden, den Wagen aus dem Hof fahren zu lassen. Der Kammerwagen mußte vom Haus der Braut noch vor Mittag beim Hause des Hochzeiters eintreffen, damit man dabei das „Gschau kriegte".

Abb. 46: Schrank aus der Umgebung von Schönberg mit Kammzuggrund, um 1820
Standort: Bauernmöbelmuseum Grafenau

Abb. 47: Aus diesem Bauernhof in Kronwinkl stammt der Schrank Abb. 28

Abb. 48: Der Schrank Abb. 36 stand einst in diesem Waldbauernhaus in Hinterschmiding

Abb. 49: Truhe aus Grafenau, um 1830
Standort: Grafenau, Bauernmöbelmuseum

Abb. 50: Schrank aus Grafenau mit
aufgeklebten Lithografien, um 1860
(Verfallszeit)
Standort: Grafenau, Bauernmöbelmuseum

KIRCHBERG—REGEN

In den Dörfern von Innernzell bis hinauf nach Regen, besonders aber in der Umgebung von Kirchberg finden wir ebenfalls einen eigenständigen Malstil. Was die Schränke dieser Landschaft auszeichnet, ist die langgestreckte Bogenform sowie eine farbenfreudige stilisierte Malerei. Die zweitürigen Schränke haben als Grundfarbe meist eine weißrote Marmorierung. Dies schon und die dekorative Felderausgestaltung deuten auf eine barockfreudige, aber umgeformte Malerei hin. In den Jahren nach 1840 tritt auch eine orange Grundfarbe mit schwarzer Maserierung auf (Abb. 52). Die Türfelder sind mit Profilleisten eingerahmt. Rosen in leuchtendem Rot, weiß aufgehellt, bestimmen den Blumendekor. Auch große ziegelrote Tulpen mit kräftigem Blattwerk können aus bauchigen Gefäßen sprießen.

Von diesen Schränken befindet sich eine größere Zahl in Sammlerhänden. Ein rotmarmorierter Schrank aus Kirchberg mit brennenden Herzen verkörpert besonders schön den Brautschrank (Abb. 53). Ein häufig vorkommendes Motiv in der Möbelmalerei im Gebiet von Regen, aber mehr schon nach Viechtach deutend, sind flächig gemalte, stilisierte rote Tulpen auf olivgrünem Grund, wie wir sie auf einem Schrank von 1786 aus Metten und der bei Regen entsprechenden Truhe finden (Abb. 55). Um Regen in Richtung Viechtach und Bodenmais, hat sich ein weiterer Schranktyp herausgestellt. Es sind viereckige Kästen in sattem Grün oder auch im Kammstrich mit einer sehr reizenden, zarten und linear aufgelösten Blumenmalerei (Abb. 54). Mit dem gleichen Dekor bemalt, kam auch ein „Almer", ein Speiseschrank von 1792 zum Vorschein, dessen Malerei jedoch bereits schwer beschädigt war und bei dem auch die Schubfächer an der linken Seite des Schrankes fehlten.

In der Umgebung von Bischofsmais muß sich eine Werkstatt befunden haben, aus der eine Reihe eintüriger Schränke stammt. Typisch dafür ist ein Fries aus Bäumen oder Rosensprossen, wie wir sie in ähnlicher Ausführung auch im nahen Lallinger Winkel mehrmals finden. Die Bäume oder Rosenzweige sind auf eine Hügellandschaft gereiht. Dabei sind die Bäume teilweise palmartig gezeichnet. Die Verbreitung dieser Schränke ist groß. Sie konnten bis Zwiesel und Grafenau festgestellt werden. Alle bekannten Exemplare sind nach 1800 entstanden. Sie haben auch eine auffallend schmale Ab-

schlußleiste. An den Ecken der kräftig blauen Felder sind öfters gelbe Vorhänge aufgezogen. Schön ausgeführte Rosen sprießen aus Empirevasen mit eckigen Henkeln (Abb 58).

Über die Herkunft des Blumenstraußes in der Vase, der als häufigstes Motiv in der Bauernmalerei zu finden ist, nimmt man allgemein an, daß er aus dem Intarsienschmuck der Renaissancemöbel in unzähligen Variationen Eingang in die Volkskunst fand.

Verbreitet sind im Landkreis Regen auch Schränke und Truhen, deren ganzer Dekor in brauner Leimmalerei ausgeführt ist. Daß mit dieser Technik allein eine interessante expressive Wirkung erzielt werden kann, zeigt ein Schrank aus Ried mit Baumdarstellungen in den Feldern (Abb. 60). Eine Sonderstellung nimmt eine Truhe aus der Umgebung von Regen ein. Sie zeigt auf einem Feld einen Vogel, der sich selbst bei der Nase nimmt und auf dem anderen einen Hasen (Abb. 57). Das gleiche Motiv finden wir auch auf einem Regener Bürgerhaus. Die Darstellung des Vogels der Selbsterkenntnis bedeutet dem Beschauer, daß er sich als Kritiker zuerst selbst an der Nase nehmen solle. Sicherlich wird in diesem Falle im Zusammenhang mit der allegorischen Darstellung des Vogels auch dem Hasen eine symbolhafte Bedeutung zukommen. Wahrscheinlich ist damit neben dem „Kritisieren" gemeint, man solle sich bisweilen „ein Blatt vor dem Munde nehmen".

Abb. 51: Schrank aus Voggenried b. Regen, um 1830
Standort: Zwiesel, Sammlung Kammerer

Abb. 52: Schrank aus Kirchberg, um 1840
Standort: Bauernmöbelmuseum Grafenau

Abb. 53: Schrank aus Kirchberg, 1848
Standort: Bamberg, Fam. Wasserscheid

Abb. 54: Schrank aus Schöneck b. Langdorf, 1808
Standort: Bauernmöbelmuseum Grafenau

Abb. 55: Schrank aus Metten bei Regen, braun getupft mit grünen Feldern, 1786
Standort: Zwiesel, Sammlung Fastner

Abb. 56: Truhe aus Arnetsried b. Regen, brauner Kammzug,
grüne Felder mit roten Tulpenornamenten, 1796
Standort: Irling, J. Schinhärl

Abb. 57: Truhe aus der Umgebung von Regen, um 1810
Standort: Zwiesel, Sammlung Fastner

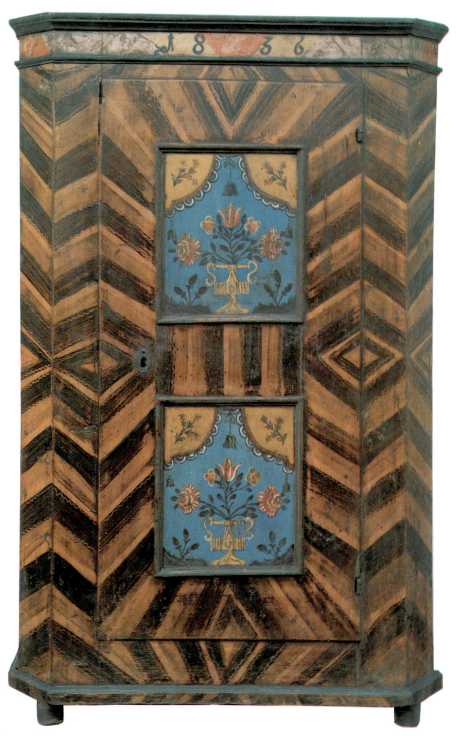

Abb. 58: Schrank aus Bischofsmais, 1836
Standort: München, Dr. Keudel

Abb. 59: Schrank aus der Umgebung von Bischofsmais,
brauner Kammzuggrund, blaue Felder, um 1825
Standort: Zwiesel, S. Schriml

Abb. 60: Schrank aus Ried bei Rinchnach, um 1830
Standort: Zwiesel, Sammlung Fastner

UM ZWIESEL

In der Waldstadt Zwiesel und ihrer näheren Umgebung haben sich auch einige typische bäuerliche Möbelformen herausgebildet. So sind noch mehrere Schränke aus Zwiesel, Lindbergmühle, Rabenstein und Bärnzell vorhanden, für die eine Bogenform mit zurückhaltender Schneckenbildung charakteristisch ist. Die Blumenmalerei, kleine, runde, stilisierte Röschen, ist locker und heiter. Form und Malerei zeigen einen gewissen Einfluß des bürgerlichen Möbelstils aus der Rokokozeit, der vor allem in der oberbayerischen Landschaft in der bäuerlichen Möbelherstellung stark zum Durchbruch kam. Ein besonders reizender Vertreter aus dieser Reihe ist bis in den Lallinger Winkel gekommen und befindet sich nun im Bayerischen Nationalmuseum (Abb. 61). Bei einem ähnlichen Schrank mit grüner Grundfarbe finden wir neben den typischen Röschenformen auch flächig gemalte Tulpenornamente (Abb. 62). Von diesen Schränken mit dem typischen Schneckengesims ist der Handwerker namentlich überliefert. Er hat sich nämlich bei einem Schrank von 1839 aus Unterzwieselau auf der Innenseite einer Türe verewigt. Dies ist die einzige bekannte handschriftliche Signierung eines bäuerlichen Möbelstückes im Bayerischen Wald. Mit Bleistift steht am oberen Rande der rechten Türe niedergeschrieben: „Gezeichnet von Jos. Denk, Tischler in Zwiesel". Dieser Vermerk könnte auch darüber Aufschluß geben, daß sich die Hersteller von Möbeln in diesem Gebiet „Tischler" nannten. In einem Hausbesitzerverzeichnis der Stadt Zwiesel von 1869 sind 3 Schreiner und 3 Tischler aufgeführt.

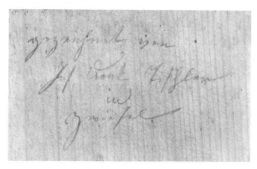

Eine verbreitete Möbelmalerei mit kräftigen und flächig gemalten Blumenranken ist im Zwieseler Winkel heimisch. Derartig bemalte Schränke kamen auch aus Bayerisch Eisenstein, Bodenmais und Rinchnach in den Handel. Typisch dafür ist ein breiter Fries auf blauem Grund mit stilisierten Blüten und kräftigen Blattranken (Abb. 63). Diese Schränke entstanden von 1815 bis 1852. Die späteren Exemplare ab etwa 1845 weisen die für diese Zeit typische weinrote Grundfarbe mit schwarzer Maserierung auf.

Einen weiteren Schranktyp mit geschwungenem Sims und urwüchsig stilisierten Blumenmotiven zeigt ein Stück aus Zwiesel mit brauner Streifenmalerei (Abb. 64). Auch mehrere Truhen mit den gleichen Blumengebilden sind im Zwiesel vorhanden.

In mehreren Bürgerhäusern und in der Umgebung der Stadt kamen auffallend kleine Schränke mit reicher Feldergliederung zum Vorschein, die eine verwandte Blumenmalerei tragen (Abb. 65). Einige dieser Schränke sind nur knapp einen Meter breit. Sie sind alle eintürig. Auf der Innenseite einer Schranktüre aus einem Bürgerhaus in Zwiesel waren mit Bleistift durch mehrere Jahrzehnte hindurch die Namen und Beschäftigungszeiten der Dienstboten vermerkt. Häufig sind die Schränke, die größtenteils Dienstboten gehörten, mit eisernen Tragegriffen ausgestattet, um sie beim Dienstherrenwechsel leichter befördern zu können. Auch die Bezeichnung „Brandkasten" taucht heute in mündlicher Überlieferung manchmal auf; sicherlich deshalb, weil man bei einem Hausbrand diese Schränke schneller aus dem Haus räumen konnte. Oft wurden die Innenseiten der Schranktüren von der ländlichen Bevölkerung als eine Art Vormerkkalender benützt. Man findet immer wieder handschriftliche Aufzeichnungen über die Höhe der zu zahlenden Steuern oder Schulden, über verborgtes oder geborgtes Geld und die zurückgezahlten Raten. Nicht selten auch Vermerke, „wann die Blessie beim Stier war" usw. Manchmal findet man auch tragische Berichte, wie „Am 3. Juli 1848 sind dem Knecht Florian beide Hände abgerissen worden".

Bäume und Blumen sind wieder die Hauptmotive auf Schränken mit brauner Streifenmalerei aus der näheren Umgebung von Zwiesel (Abb. 66). Ein großer, reichgegliederter Schrank aus einem Zwiesler Bürgerhaus zeigt ähnliche Streifen und vor allem dieselbe Marmorierung an den Seiten, aber ohne Blumenmalerei in den Feldern (Abb. 67).

Als typische Möbelmalerei dieser Gegend kann auch die auf einem blauen, eintürigen Schrank aus Oberlüftenegg bei Frauenau angeführt werden (Abb. 68).

In dem alten Bauerndorf Zwieselberg bei Zwiesel fand sich eine sehr frühe Truhe, etwa um 1700 (Abb. 69). Ihr Dekor besteht aus geometrischen Vorritzungen für die sparsame farbige Auszier. Diese Truhe zeigt noch Reste des tiefen Sinngehalts, die der frühen volkstümlichen Malerei zugrundelag. Die Vorderseite ist in fünf Felder aufgeteilt. Zwei auf Blankholz gemalte Rundbogen dokumentieren, daß auch in dieser Möbellandschaft noch um 1700 bäuerliche Truhen vom Renaissancestil beeinflußt waren.

Es wird allgemein angenommen, daß die ländlichen Handwerker zu Beginn ihres malerischen, dekorativen Gestaltens von der Ausschmückung der frühen Kirchen inspiriert wurden. Die Bemalung der Emporebrüstung des gotischen Kirchleins in Kirchberg bei Schönberg bietet ein treffendes Beispiel einer großen Ähnlichkeit dieser Kirchenausschmückung mit der Malerei auf frühen Bauernmöbeln.

Auf der besprochenen Truhe aus Zwieselberg finden wir noch große Ornamente in Form des Malteserkreuzes, sowie das häufige Dekorationselement in der frühen Volkskunst, den einfach gestalteten Baum, der oft als Lebensbaum gedeutet wird. Später wird zunehmend der Blumenstrauß beliebt. Auch das Rautenmuster tritt auf dieser Truhe bereits auf. Verzierungen mit Tupfen und Zackenbändern, wie auf diesem Möbel, wurden in der Frühzeit der Möbelmalerei bevorzugt.

Abb. 61: Schrank, erworben bei Lalling, um 1820
Standort: München, Bayerisches Nationalmuseum

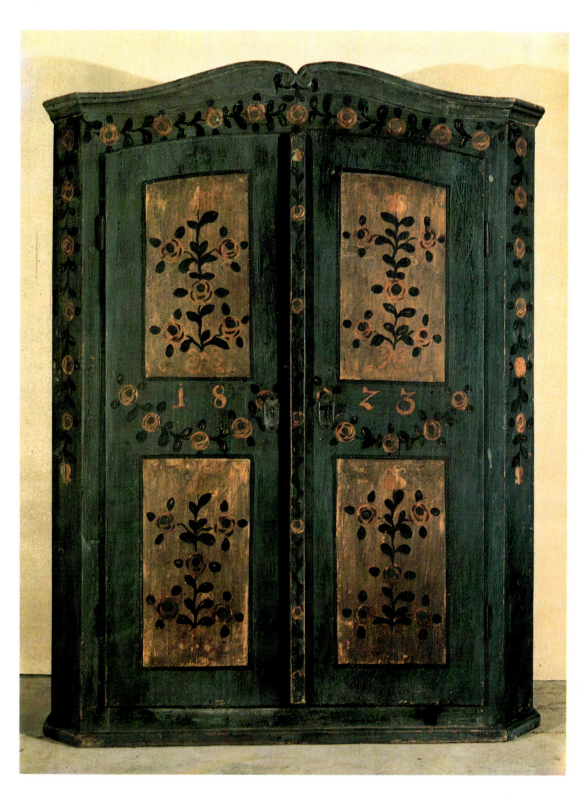

Abb. 62: Schrank aus Schöneck, 1823
Standort: Bauernmöbelmuseum Grafenau

Abb. 63: Schrank aus der Gegend von Zwiesel, 1850
Standort: Regensburg, Stadtmuseum

Abb. 64: Bogenschrank aus der Gegend von Zwiesel, um 1815
Standort: Zwiesel, Sammlung Kammerer

Abb. 65: Schrank aus Arberhütte bei Bayer. Eisenstein, 1836
Standort: Zwiesel, M. Breu

Abb. 66: Schrank aus Zwieselberg, um 1810
Standort: Zwiesel, Sammlung Kammerer

Abb. 67: Schrank in einem Bürgerhaus in Zwiesel, um 1840
Grundfarbe und Marmorierung ist die gleiche, wie bei dem umseitigen Schrank, Abb. 66
Standort: Zwiesel, M. Breu

Abb. 68: Schrank aus Oberlüftenegg
b. Frauenau, Grundfarbe blau, 1794
Standort: Aschheim, G. Ulleweit

Abb. 69: Truhe aus Zwieselberg bei Zwiesel, um 1700
Standort: Bauernmöbelmuseum Grafenau

DEGGENDORF UND VORWALD

Um Deggendorf und in den Dörfern des Vorwaldes treffen wir auf eine recht vielgestaltige Möbellandschaft. Ihre Eigenheit liegt in einer kräftigen, ausdrucksvollen Malweise.
Nach T. Gebhard war hier schon früh im 18. Jahrhundert eine größere Anzahl von Möbelwerkstätten gruppiert, so vier Meister in Deggendorf, je zwei in Niederaltaich, Hengersberg, Osterhofen; je ein Meister in Metten und Ranzing bei Lalling. Namentlich besonders bekannt geworden sind die Malergenerationen Weinzierl. Als erster dieses Namens ist der Schreiner Ignaz Weinzierl, geb. 1757, gestorben am 17. 1. 1825 in Deggendorf, nachweisbar. Seine beiden Söhne wurden ebenfalls Schreiner: Franz Ignaz, geboren 8. 7. 1786, gestorben 16. 12. 1866, und Josef, geboren 7. 2. 1789. Dieser ließ sich 1808/09 in Altenmarkt nieder. Auch in Hengersberg war um 1800 ein Schreiner Johann Weinzierl tätig.
Im Stadtmuseum Deggendorf sind mehrere Mustertafeln mit Heiligendarstellungen und Blumenornamenten aufbewahrt, die nach mündlicher Überlieferung aus der Werkstatt des Ignaz Weinzierl stammen. Nach diesen Mustertafeln haben sich einmal die Auftraggeber ihre gewünschten Namenspatrone und Schutzheiligen bei diesem Schreiner ausgesucht. Über diese erhaltenen Motive hinaus hat sich eine Anzahl von Schränken mit weiteren Heiligendarstellungen und den typischen Weinzierlvasen gefunden. Unter den für die ländliche Bevölkerung besonders wichtigen Heiligen sind mehrmals die Hl. Florian, Sebastian, der Hl. Andreas, die Hl. Familie und das Maria Hilf–Gnadenbild bekannt. Darstellungen, wie die Krönung Mariens (Abb. 75) und die des Wanderheiligen Jakobus (Abb. 73) sind einmalig. Die Motive wurden mit kräftigen, sicheren Strichen pastos auf blauen Feldergrund aufgetragen.

Nach dieser Malweise sind den Deggendorfer Werkstätten Schränke zuzuordnen, auf deren unteren Feldern stark stilisierte Kirchen mit Baumgruppen zu sehen sind. Ein besonders gut erhaltener eintüriger Schrank aus Deggendorf veranschaulicht die einstige Leuchtkraft der Schrankfelder (Abb. 77). Die lange Zeit des Gebrauchs, unsachgemäße Lagerung auf Dachböden und in Schuppen haben der Möbelmalerei ihre Patina gegeben und häufig starke Schäden hinterlassen. Ein Schrank mit dem Hl. Wolfgang hat besonders am Sims und im Kammzug viele Ähnlichkeiten mit den Möbeln aus der Weinzierlwerkstatt (Abb. 80).

Auch einige Truhen aus der Weinzierlwerkstatt sind noch vorhanden. Als Felderschmuck dominieren wieder die typischen hohen, schmalen Vasen mit den roten Tulpen, Heiligenbilder, sowie bisweilen farbenprächtige Vögel (Abb. 74). Weinzierlmöbel waren einmal in den Walddörfern und im angrenzenden niederbayerischen Bauernland sehr verbreitet.

In einem Bauernhof in der Nähe von Mietraching stand ein niedriger Schrank, der als ein Zeugnis aus der Frühzeit der volkstümlichen Möbelerzeugung anzusehen ist. Nach seinem Renaissanceaufbau dürfte er um 1680 entstanden sein (Abb. 81). Die Bemalung der Türfelder stammt aus einer späteren Zeit.

In Bernried bei Deggendorf konnte ich einer Familie nachgehen, deren Vorfahren einst die großartigen Bauernmöbel aus der näheren Umgebung hergestellt haben. Der dort 1970 im Alter von 84 Jahren verstorbene Zimmermann Franz Liebl wußte zu berichten, wie sein Vater, ebenfalls ein Zimmermann, noch Schränke in diesem kraftvollem Malstil ausgeschmückt hat. In dem niedrigen Häusl stehen heute noch zwei in den 60iger Jahren des letzten Jahrhunderts bemalte Schränke, mit denselben Blumen, in derselben auftragenden Manier. Dieser Franz Liebl ist 1837 dort geboren und 1937 hundertjährig verstorben.

Talerförmige Rosen und großformatige Tulpen mit kräftigen, farnwedelartigen Blättern überziehen fast die ganzen Vorderflächen der Schränke und die Seitenfelder. Über den Türfüllungen stehen außergewöhnlich große Jahreszahlen. Die kräftigen, plastisch aufgetragenen Blattranken in schwarzgrüner Farbe sind auf rötlich-braunen Kammzuggrund oder hellgrünem Untergrund gemalt. Die Blumen werden durch kraftvolle, weiße Strichzeichnungen aufgehellt (Abb. 83). Noch bis 1860 hinein finden wir denselben Malstil. Diese Möbelmalerei mit den kühn geformten Blumenornamenten ist sicherlich als einer der Höhepunkte und in diesem Falle zugleich der Abschluß volkstümlicher Kunst des Bayerischen Waldes anzusehen.

In der Deggendorfer Gegend sind noch ähnliche urwüchsig bemalte Möbel zu finden, so ein Schrank mit pastos aufgetragenen Tulpen, der mit seiner Wellenlandschaft an Motive aus dem Wegscheider Gebiet erinnert (Abb. 85).

Aus Grafling stammt ein Schrank mit der Hl. Katharina, dem Hl. Wolfgang, der Anna Selbdritt und dem Hl. Josef. Die Bilder erinnern in ihrer unbefangenen Ausführung an die Hinterglasmalerei der Schönsteiner Schule (Abb. 86). Der Schrank ist wegen seiner vier Heiligenbilder zwar eine Seltenheit, aber in den Blumenornamenten, im Aufbau und in seiner rotblauen Grundfarbe durchaus kein Einzelstück. Gleichartige Schränke, auch mit geschwungenem Sims, sind in unsere Zeit herübergerettet worden.

Ein anderer Schranktyp konnte um Ulrichsberg bei Deggendorf verfolgt werden. Es handelt sich um eintürige Schränke von 1840 bis 1862, die trotz ihrer abgewandelten Blumen- und Baummotive aus einer Werkstatt stammen müssen (Abb. 87). Auf den Seitenfeldern tragen diese Schränke große stilisierte Bäume in Leimmalereitechnik oder roter Zeichnung.

In den von der Hauptverkehrsstraße abgelegenen Dörfern und Einöden um Lindenau, Achslach, Gotteszell und Allersbach wurden mehrere Truhen mit schwarzer Schablonenmalerei auf ochsenblutrotem Grund bekannt. Sie tragen jeweils auf zwei Feldern die Jahreszahlen. Die Datierungen liegen zwischen 1678 und 1749 (Abb. 88). Ein graphisches Rankenwerk, das in seiner Zeichnung an Schmiedeeisenarbeit erinnert, läßt stilisierte Tulpen und wohl auch das Lebensbaummotiv erkennen.

Im Lallinger Winkel ist ebenfalls ein eigenständiger Schranktyp nachzuweisen. Neben einem Fries aus Bäumen oder Rosen, und auch aus beiden Motiven, sind auf den grünen Feldern Blumen mit lebendig gestalteten Verästelungen und vielen Blättern dargestellt (Abb. 90). Diese Malart zeigt auch, daß in der Möbelmalerei des Bayerischen Waldes vielfach das Blattwerk mehr als die Blüte zur Geltung kommt.

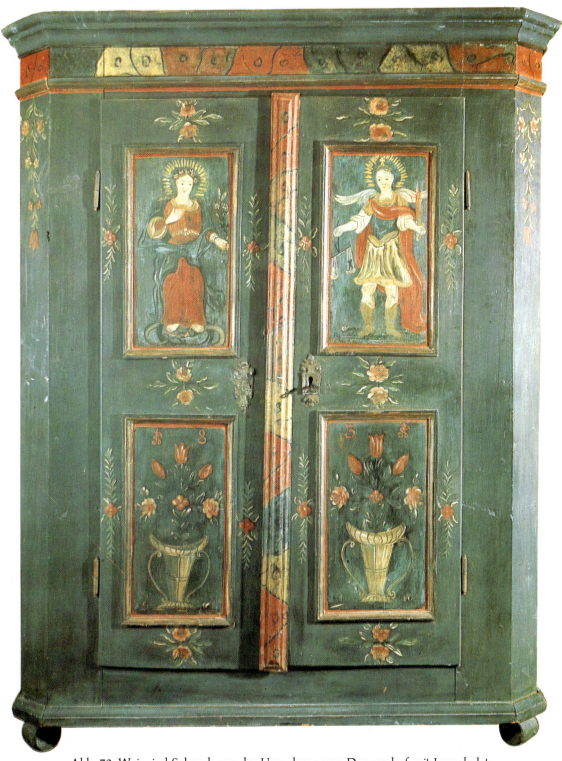

Abb. 70: Weinzierl-Schrank aus der Umgebung von Deggendorf mit Immakulata und Hl. Michael, 1831
Standort: Grafenau, Sammlung Wiedemann

Abb. 71: Weinzierl-Schrank mit Hl. Sebastian und Hl. Katharina aus Innernzell, 1847
Standort: Zwiesel, Sammlung Fastner

Abb. 72: Weinzierl-Schrank mit
Immakulata aus Hunderdorf, 1833
Standort: Bauernmöbelmuseum Grafenau

Abb. 73: Weinzierl-Schrank mit
Hl. Jakobus aus Böbrach, 1827
Standort: Bauernmöbelmuseum Grafenau

Abb. 74: Weinzierl-Truhe aus der Gegend
von Deggendorf, 1829
Standort: Bauernmöbelmuseum Grafenau

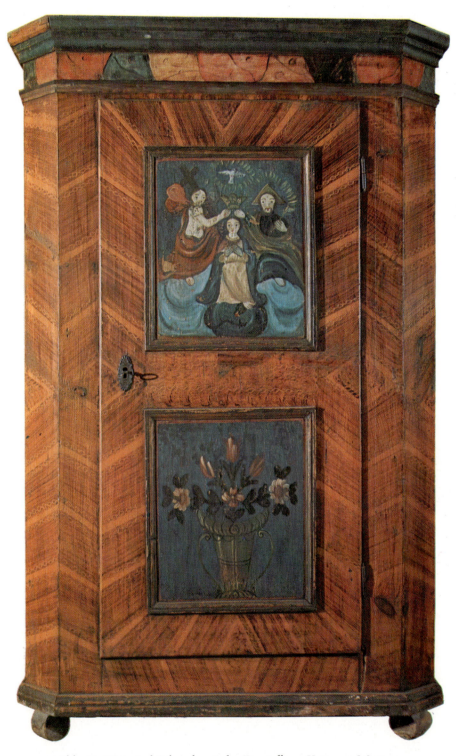

Abb. 75: Weinzierl-Schrank mit der Darstellung Krönung Mariens,
aus Innenstetten, 1836
Standort: Bauernmöbelmuseum Grafenau

Abb. 76: Ausschnitt: Oberes Feld der Schranktüre, Darstellung Krönung Mariens

Abb. 77: Schrank aus der Gegend von Deggendorf, 1834
Standort: München, R. Litz

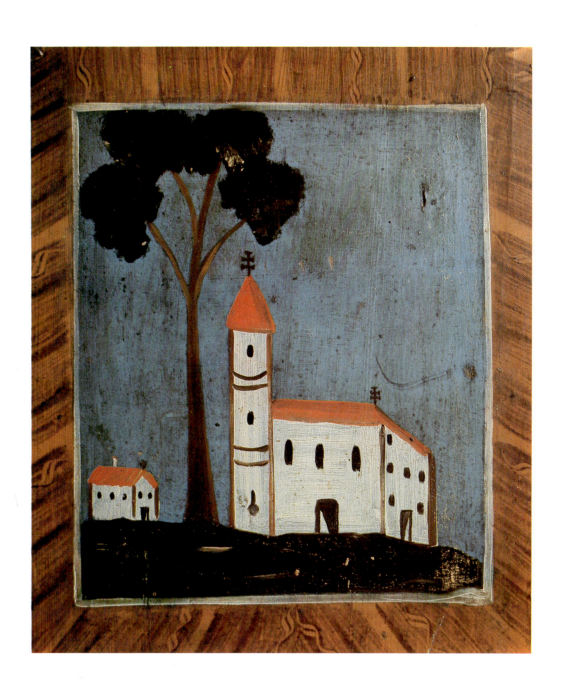

Abb. 78: Untere Türfüllung aus nebenstehendem Schrank

Abb. 79: Türfeld aus einem Weinzierl-Schrank mit Anna Selbdritt
Standort: Zwiesel, Sammlung Fastner

Abb. 80: Ausschnitt: Oberes Feld einer Schranktüre mit dem Hl. Wolfgang.
Vermutlich Weinzierl-Werkstatt, Deggendorf, um 1820
Standort: Beilngries, Sammlung Knüfer

Abb. 81: Schrank aus Mietraching b. Deggendorf, blaugrün in Renaissanceform, um 1680
Standort: Bauernmöbelmuseum Grafenau

Abb. 82: Niedriger Schrank, brauner Kammzuggrund, erworben in Hofstetten, um 1700
Höhe 146,5 cm, Breite 120,5 cm, Tiefe 48,5 cm
Standort: Bauernmöbelmuseum Grafenau

Abb. 83: Schrank aus Deggendorf, 1837
Standort: Bauernmöbelmuseum Grafenau

Abb. 84: Schrank aus der Gegend von Deggendorf, brauner Kammzug, gelbe Felder, 1856
Standort: Regensburg, Stadtmuseum

Abb. 85: Schrank aus der Gegend von Deggendorf, Grundfarbe grün, weiße
Felder mit roten Tulpen, 1801
Standort: Plattling, I. Zitzlsperger

Abb. 86: Schrank aus Grafling mit der Hl. Katharina, Hl. Wolfgang,
Anna-Selbdritt und Hl. Josef, 1848
Standort: Bauernmöbelmuseum Grafenau

Abb. 87: Schrank in gelb-rötlicher
Streifenmalerei, an den Seiten
Baumdarstellungen in rot.
Ulrichsberg b. Deggendorf, 1861
Standort: Zwiesel, Sammlung Fastner

Abb. 89: Ausschnitt: Unteres linkes Feld
aus dem umseitigen Schrank Abb. 86
mit der Anna Selbdritt.

Abb. 88: Truhe mit schwarzer Schablonenmalerei auf dunkelrotem Grund, aus Achslach, 1678
Standort: Pocking, J. Mitterpleininger

Abb. 90: Schrank aus dem Lallinger Winkel,
um 1815
Standort: Bauernmöbelmuseum Grafenau

Abb. 91: Schrank aus dem Lallinger Winkel,
hellblauer Grund, 1841
Standort: Grafenau, Sammlung Wiedemann

VIECHTACH

Von allen Möbellandschaften des Bayerischen Waldes hat das Gebiet um Viechtach wohl die vielfältigst bemalten Arten hervorgebracht. Ihre Stärke liegt weniger in der schreinermäßigen Ausstattung, als in einer stilisierten, aussagekräftigen Malweise. Die Blumenornamente erfahren hier eine Reduzierung auf die letztmögliche gegenständliche Form. Wenn Stilisierung neben der Reihung und flächigen Malweise als Hauptmerkmal der Volkskunst gewertet wird, so haben wir es hier bei Berücksichtigung des Formalen mit einer besonders beachtenswerten volkskünstlerischen Gestaltung zu tun, da die Blumenausschmückung auf Einfachstformen zurückgeführt wird.

Als Besonderheit sind hier die schwarzen Möbel zu erwähnen. Im gesamten Viechtacher Raum, besonders gruppiert um Gotteszell und Prackenbach, fanden sich grüngetupfte, schwarze Truhen und Schränke mit einer kraftvollen malerischen Aussage. An geschützten Stellen, wie zum Beispiel unter den Beschlägen, kann man übrigens erkennen, daß die gelbgrünen oder blaugrünen Tupfer einst viel intensiver waren und den Möbeln ursprünglich ein mehr grünes Aussehen gegeben haben. Durch die Zeit sind die grünen Spritzer nachgedunkelt oder weggewischt worden, so daß die Möbel heute fast schwarz erscheinen.

Bei dem noch erhaltenen reichen Bestand aus der Gegend von Prackenbach beherrschen wuchtige Tulpenornamente die Vorderseite der Kasten und Truhen und lassen Sicherheit in der Stilisierung erkennen (Abb. 92).

Die Tulpe soll um 1559 aus Konstantinopel nach Augsburg gekommen sein und hatte sich als Zierpflanze schnell in Europa verbreitet. Neben der Rose fand sie auch bald in der Volkskunst starken Eingang, weil sich diese Blumenform gut zum Stilisieren und zur Flächenprojektion eignet. Auch große paarige Vögel, die als Hochzeitssymbol gelten können, werden zum Ausschmücken dieser schwarzen Möbel verwendet. Truhen sind häufiger als Schränke erhalten und stammen meist um 1790 oder etwas früher (Abb. 93). Auf einigen Schränken ist die Blumenmalerei sehr sparsam. Dafür sind in den Türfüllungen wirkungsvolle Tupfenornamente eingearbeitet (Abb. 94).

Auf einer im nördlichen Gebiet vorgefundenen Schrankart steigen zartere, spitzzüngige gelbrote Tulpen über die ganze Türfläche über den schwarzen oder moosgrünen Grund auf (Abb. 95). Die Truhen aus dieser Gegend sind mit zwei weitgegliederten Tulpensträußchen geschmückt, die in linearer Zeichnung aus gelben Körben wachsen (Abb. 96).

Im übrigen kamen aus den Dörfern des Viechtacher Raumes noch die meisten Truhen des Bayerischen Waldes zum Vorschein, mehr als Schränke. Aus manchen Häusern wurden bis zu acht bemalte Truhen von den Dachböden geholt. Sie stehen meist auf einem Sockel; die Vorderseite ist dreigeteilt. Nach mündlicher Überlieferung war es zum Teil noch bis zum ersten Weltkrieg Brauch, daß die Braut einige Truhen voll Leinwand und „Haar" als Ausstattung mit in die Ehe bekam. Da zwei Leinenballen Platz darin haben mußten, war das Außmaß der Truhen verhältnismäßig groß. Die Truhe war lange Zeit das einzige Aufbewahrungsmöbel für die Kleidung der bäuerlichen Bevölkerung. So ist auch zu erklären, daß in dieser bäuerlichen Gegend, die kaum Durchgangsland war, sich aus dem einstigen großen Bestand noch soviele Exemplare erhalten haben.

Um Böbrach und Ruhmannsfelden dürfte eine Werkstatt zu suchen sein, aus der Schränke mit einer besonders originellen Bemalung stammen. Auf vier Tür- und je zwei Seitenwandfeldern sitzen anmutige getupfte Vögel auf eigenartigen Bäumen. Die Bäume sind mit zwei oder drei starken Stämmen mit kleinen Laubkronen dargestellt. Diese Vogerlschränke zeugen von einer besonderen Ausdruckskraft und Individualität. Den wirkungsvollsten Vertreter dieser Art besitzt das Stadtmuseum Regensburg aus dem Jahre 1807 (Abb. 99). Ein abgeschrägter blaugrüner Schrank mit aufgesetzten Feldereinrahmungen läßt staunend erkennen, wie gekonnt nach unserem Empfinden auch gegensätzliche Farbklänge zu einer Harmonie gesetzt werden konnten (Abb. 100).

Eine weitere Möbelmalerei mit einheitlichem Charakter finden wir auf zahlreichen Truhen und Schränken, in der die Umrißlinie der Tulpen und Blumensterne stark betont und kräftig ausgezogen sind. Speziell Truhen dieser farbfrohen und flächigen Malart wurden von Regen bis in die angrenzende Oberpfalz festgestellt. Der abgeschrägte ungewöhnlich prächtige grüne Schrank aus dieser Reihe von 1772 bringt zusätzlich noch schwungvolle Wirbelrosetten (Abb. 101).

Eine gute farbige Wirkung zeigen Schränke mit Heiligendarstellungen und reichem Blumenschmuck aus diesem Raum (Abb. 102). Auf den unteren gelben Feldern erscheinen klassizistische Vasen mit Henkeln (Abb.).

Um Kollnburg sind eine Reihe kleingebauter Schränke bekannt, die in ihrer Schlichtheit eine besondere Note besitzen. Der malerische Schmuck beschränkt sich hier auf flächig ausgeführte Blumenornamente in kleinen Feldern. Die Grundfarbe der Felder ist meist in einem dezenten Rosa gehalten, das die Wirkung des sparsamen Ornaments noch hebt (Abb. 103). Mehrmals läuft bei diesen Schränken unter der oberen Abschlußleiste ein Fries mit stilisierten Äpfeln. Bei einigen Exemplaren finden wir zusätzlich geschnitzte Ornamente an den Schmalseiten (Abb. 104). Bisweilen wird der ornamentale Kammstrich durch ein Grün, später durch ein Weinrot ersetzt. Noch bis 1848 sind diese Kästen mit offenen Schlössern in älterer Bauart ausgestattet (Abb. 107).

Eine weitere Art schlichter Möbel, die meist ebenfalls klein gebaut sind und eine bemerkenswerte Ausstrahlung besitzen, ist in den Dörfern südlich von Viechtach aufgetreten. Die farbig verhaltenen, gelbgrünen Rosen mit braunen oder schwarzen Blättern auf blaugrünem Grund geben auf den eingeschnittenen Feldern einen guten Farbklang (Abb. 105). Die Kammzugflächen sind oft noch mit Punktrosetten verziert. Die den kleinen Schränken entsprechend gemalten Truhen haben das übliche große Ausmaß dieser Gegend mit der bekannten Dreiteilung auf der Schauseite. In einer derartigen Truhe von 1816 befindet sich ein originelles Schloß, dessen Grundplatte noch mittelalterliche Form zeigt (Abb. 108). Ein blauer Schrank von 1795 dürfte zu der Frühform dieser Möbelmalerei zählen (Abb. 108). Einen verhaltenen Malstil dokumentieren auch kleine, eintürige Schränke aus diesem Raum, von denen sich je ein Exemplar im Bayer. Nationalmuseum und im Stadtmuseum Regensburg befindet (Abb. 109 u. 110). Eine einzige große Tulpe schmückt neben der großen Jahreszahl die Schranktüre – Reduzierung auf ein in seiner Art sicher gesetztes, wirkungsvolles Element. Hier kann nichts mehr weggelassen werden.

Eine weitere Gruppe, von der zahlreiche Exemplare bekannt wurden, bringt kleinere, stilisierte Blumensprossen auf blaugrünen Feldern (Abb. 111). Der Wirkung dieser schlichten Möbel kann man sich ebenfalls kaum entziehen.

In Ayrhof bei Viechtach hat sich ein Schrank von 1796 gefunden, der sowohl in der Form, als auch in seiner großformatigen Malerei auffällt. Über den Türfüllungen sitzen zwei große, pfauenähnliche Vögel. Um die Türe laufen schwungvoll gemalte Blumenornamente, die aus übergroßen Vasen sprießen. Auf den Blumengebilden und in einer Feldfüllung finden sich wieder Vögel (Abb. 115). Auf einem besonders großen Schrank von 1833 werden diese großen Blumenornamente außerhalb der Türfelder fortgesetzt (Abb. 116).

Damit sollen nur die am häufigsten nachgewiesenen Erscheinungsformen in diesem Gebiet erfaßt werden.

Hervorzuheben ist für den Viechtacher Raum noch, daß es eine besonders große Anzahl eintüriger Schränke gibt. Sicherlich waren sie hier nicht alle für die Dienstboten bestimmt.

Abb. 92: Schrank aus Prackenbach, schwarz und grün getupft, 1776
Standort: Straubing, Privatbesitz

Abb. 93: Sockeltruhe aus Wiesing b. Viechtach, 1790
Standort: Bauernmöbelmuseum Grafenau

Abb. 94: Schwarzer Schrank, grün getupft, Felder rosarot mit dunkelroten Punkten, aus der Gegend von Viechtach, 1793
Standort: Obernzell, H. D. Hutter

Abb. 95: Schrank aus dem Raum Viechtach, 1797
Standort: Neustadt a. d. W., T. Frank

Abb. 96: Schwarze Truhe aus der Umgebung
von Viechtach, 1803
Standort: Zwiesel, Sammlung Fastner

Abb. 97: Truhe aus Kollnburg, brauner Kammzuggrund
mit grünen Feldern, 1821
Standort: Bauernmöbelmuseum Grafenau

Abb. 98: Truhe aus dem Raum Viechtach, 1811
Standort: Eching, S. Möbius

Abb. 99: Schrank aus Ruhmannsfelden, 1807
Standort: Regensburg, Stadtmuseum

Abb. 100: Vogerlschrank aus Böbrach, um 1825
Standort: Zwiesel, Sammlung Fastner

Abb. 101: Schrank aus Grafling, 1772
Standort: Bauernmöbelmuseum Grafenau

Abb. 102: Schrank aus der Gegend von Viechtach, 1836
Standort: Garmisch-Partenkirchen, S. Meyer

Abb. 103: Schrank aus Kollnburg b. Viechtach, 1843
Standort: Plattling, J. Zitzelsperger

Abb. 104: Schrank aus Pirka b. Viechtach, grün, Felder rosa,
unter dem Gesimse Äpfel nebeneinander gereiht, 1837
Standort: Lam, H. Roßberger

Abb. 105: Kleiner eintüriger Schrank aus der Umgebung von Viechtach, 1815
Standort: München, Bayerisches Nationalmuseum

Abb. 106: Truhe aus der Umgebung von Viechtach, 1816
Standort: Zwiesel, K. Löw

Abb. 107: Schloß und Schlüssel zur obigen Truhe

Abb. 108: Schrank aus der Gegend von Viechtach, Grundfarbe blau, 1795
Standort: Zwiesel, Sammlung Kammerer

Abb. 109: Schrank aus der Umgebung von Viechtach, brauner Kammzuggrund
mit roter Tulpe und Jahreszahl, 1815
Standort: München, Bayer. Nationalmuseum

Abb. 110: Kleiner eintüriger Schrank aus der Gegend von Viechtach, 1813
Standort: Regensburg, Stadtmuseum

Abb. 111: Schrank aus der Gegend von Teisnach, brauner Kammzug mit grünen Feldern, 1807
Standort: Zwiesel, Sammlung Fastner

Abb. 112: Schrank aus Altnußberg bei Viechtach, brauner Kammzug, grüne Felder, um 1790
Standort: Grafenau, Sammlung Wiedemann

Abb. 113: Schrank aus Kaikenried bei Teisnach, Grund braune Leimmalerei, rote Tulpen mit weißen Umrißlinien auf Blankholzgrund, um 1780
Standort: Regensburg, O. Kronthaler

Abb. 114: Schrank aus der Gegend von Viechtach, braune Streifenmalerei, Felder hellblau, um 1830
Standort: Eching, S. Möbius

Abb. 115: Schrank aus Ayrhof, 1796
Bemerkenswert ist die abgeflachte Form.
Standort: Zwiesel, Sammlung Fastner

Abb. 116: Schrank aus Linden b. Viechtach, 1833
Standort: Zwiesel, Sammlung Kammerer

VON LAM NACH CHAM

Das Gebiet vom Lamer Winkel über Kötzting bis über Cham hinaus kann man wieder zu einer eigenen Möbellandschaft zusammenfassen. Es fanden sich hier noch bis in die Mitte des 19. Jahrhunderts viele Schränke und Truhen in schlichter Gestaltung. Sie stehen nicht auf gedrechselten Füßen, sondern unter Beibehaltung der älteren Konstruktion auf den Seitenwänden.

Aus den noch vorhandenen Beständen geht hervor, daß in den Dörfern um Lam sich eine Möbelwerkstätte befand, die auf Schränken und Truhen gleichartige, linear gehaltene langstielige Blumen verwendete. Die Grundfarbe der niedrigen und meist viereckig gehaltenen Schränke ist ein Blau, das im Lauf der Zeit sich vermutlich durch gilbenden Firnis zu einem Grün verwandelte. Die gedrungenen Schränke haben meist ein vorstehendes, abnehmbares Aufsatzgesims und wirken in ihrer Einfachheit kraftvoll (Abb. 117).

Ein eintüriger Schrank aus Eschlkam leitet auf eine dort typische Malerei über (Abb. 118).

Von Lam bis Kötzting ist eine malerische Ausschmückung kennzeichnend, in der die Blumenmotive wieder vereinfachende Umsetzung in ein wirkungsvolles Flächenornament erfahren. Der Volkskünstler hatte hier in seinem Schaffen fast jede naturalistische Bindung abgestreift. Die Kästen tragen häufig noch plastische Zierelemente, in dem man ihnen auf den Seitenschrägen gerollte Kapitelle oder dreieckige Schnitzornamente aufsetzte. Mit ihrem grünen oder braunen Kammzuggrund geben sie ein recht ansprechendes Bild. Zusätzliche Ausschmückung bringen viele farbige Tupfenringe. Auch an den Seiten wiederholen sich die Blumensprossen (Abb. 119).

In der Literatur wird gelegentlich behauptet, daß die flächige Malweise in der volkstümlichen Möbelmalerei aus Zeitersparnis entstand. Sicherlich wird mit der Zeit der Pinselstrich des geübten Malers routinierter und flächiger, aber, daß es nur aus Zeitgründen zu einer reduzierenden Malweise kam, ist nicht einzusehen. Nach Aussagen mehrerer älterer Handwerksmeister brauchte ein guter Schreiner zum Fertigen eines Bauernschrankes eine Woche. Es wäre nicht logisch, daß es dann bei der Ausmalung auf eine Stunde mehr oder weniger angekommen sein sollte, die man durch eine flächige Malweise einsparen hätte können. Außerdem wird dabei übersehen, daß es diese flächige Behandlung der Ziermotive bereits seit dem Einsetzen der Möbelmalerei gibt. Diese flächige Gestaltung ist vielmehr ein Merkmal künstlerischen Ausdrucks, den man auch bei oberflächlicher Betrachtung nicht mit „primitiv" gleichsetzen kann.

Um Kötzting bis zur Oberpfalz finden wir noch bis 1862 datierte viereckige Schränke in rötlichem Kammzug, die auf kräftig blauen Feldern flächig gemalte Sternen- und Phantasieblumen mit

Tupfenrahmung aufweisen. Auf allen Schränken erscheinen im oberen Sims zwei Vögel (Abb. 120). Diese Werkstatt muß sehr produktiv gewesen sein, denn mit dieser Bemalung ist noch eine größere Anzahl von Schränken erhalten. Die ältesten sind mit 1786 und 1794 datiert, eintürig und an den Seiten ebenfalls nicht abgeschrägt.

Auch in der Gegend von Cham sind schwarze, grüngetupfte Möbel festgestellt worden. (Abb. 149 u. 151). Von besonders altwirkender Form ist eine Truhe in der Umgebung von Kötzting, die die Monogramme Christi und Mariens trägt, eingefaßt in einer Blumenumrandung. Erwähnenswert ist dieses Möbelstück deshalb, weil es noch auf den Seitenwänden steht. Mit dieser Hochstellung wird der Truhenkörper vom Boden abgehoben und damit vor Feuchtigkeit und Nagetieren geschützt (Abb. 121). Überhaupt scheinen in der Chamer Gegend Stileinflüsse der städtischen Möbel am wenigsten spürbar geworden zu sein, obwohl es dort interesssante, bemalte Möbel im bürgerlichen Haushalt gegeben hat.

Noch aus der Mitte des 19. Jahrhunderts fand man Schränke in Formen, die man stilistisch weit älter einreihen möchte, als ihre Jahreszahlen es aussagen. Diese Schränke besitzen keine abgeschrägten Ecken, sind breiter und niedriger und stehen nicht auf Füßen, sondern auf den ausgeschnittenen Seitenwänden. Ein besonderes Merkmal ist auch hier ein großzügiger, flächiger Blumendekor, bei dem die Phantasieblüten mit weißen Konturen eingefaßt sind. An den beiden schmalen Brettern neben den Türen steigen mächtige Sproßen mit großen Blüten in die Höhe. Die Felder werden von einem locker auseinanderfallenden Strauß flächiger Blumengebilde gefüllt. In Kammzugsmalerei eingebunden kommt gediegene Verhaltenheit auf. Der Schrank aus Miltach (Abb. 124) aus dem Jahre 1841 ist noch bezeichnend für die eigenwillige Erscheinung dieser dekorativen Möbel.

Ein blauer Schrank bringt ausnahmsweise einen Volutengiebel. Die Tulpenauszier in den Feldern ist jedoch sehr charakteristisch für diese Gegend, auch noch ins Viechtacher Gebiet übergreifend. Auf den oberen Türen sind die Heilige Katharina mit dem Rad und der Heilige Laurentius mit dem Rost abgebildet (Abb. 126). Diese Figuren, sicher Namenspatrone der Eheleute, sind besonders unbeschwert aufgesetzt.

Zu den eindrucksvollen Möbelformen dieser Gegend ist noch eine anzufügen, die bereits in die Oberpfalz überleitet: Der Schrank von 1765 mit obeliskartig aufgesetzten Dreiecken und schönen Tulpenfeldern bringt diese frühe Form gut zur Geltung (Abb. 128).

Aus derselben Gegend stammt auch die frühe Truhe von 1697 mit dem Doppeladlermotiv in schwarzer Schablonenmalerei auf Blankholz. Dieses Exemplar hatte mit dem Sockel einmal ein übergroßes Ausmaß (Abb. 129).

Der Adler ist ein beliebtes Motiv in der Frühzeit der Möbelmalerei, nicht nur in Österreich und Tirol, sondern über ganz Deutschland verbreitet. Auch in dem bereits angeführten Kirchlein von Kirchberg bei Schönberg findet man in einem Empore-Ornament von 1600 (Abb. 130) bereits dieses Motiv. Das gleiche zeigt eine frühe Truhe aus der Umgebung von Grafenau. Das Ziermotiv, in schwarz mittels einer Schablone auf Blankholz aufgetragen, ist sicherlich eine malerische Vereinfachung der einstigen Intarsientechnik. Das Blankholz wurde dabei noch in hellere und dunklere Töne abgestuft.

Abb. 117: Schrank aus dem Lamer Winkel, 1798
Standort: Regensburg, Stadtmuseum

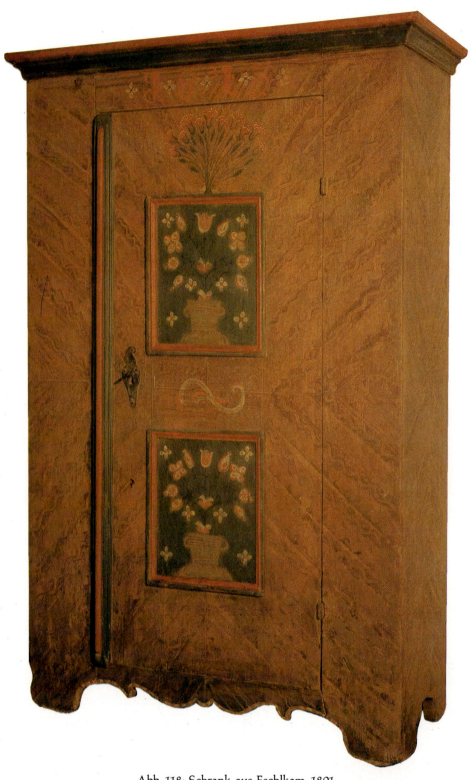

Abb. 118: Schrank aus Eschlkam, 1801
Standort: Zwiesel, Sammlung Fastner

Abb. 119: Schrank aus Arnbruck, brauner Kammzuggrund, 1827
Standort: Bauernmöbelmuseum Grafenau

Abb. 120: Schrank aus der Nähe von Kötzting, 1849
Standort: Bauernmöbelmuseum Grafenau

Abb. 121: Truhe aus der Gegend von Rimbach, schwarzgrundig und grün getupft, Fortsetzung der mittelalterlichen Seitenstollentruhe, um 1720
Standort: Bauernmöbelmuseum Grafenau

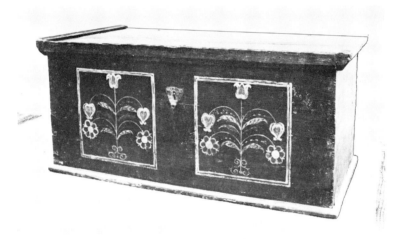

Abb. 122: Kleine schwarze Truhe, grün getupft aus der Gegend von Rimbach, um 1720
Standort: Zwiesel, Sammlung Fastner

Abb. 123: Schwarze Truhe aus Kötzting, 1751
Standort: Regensburg, Stadtmuseum

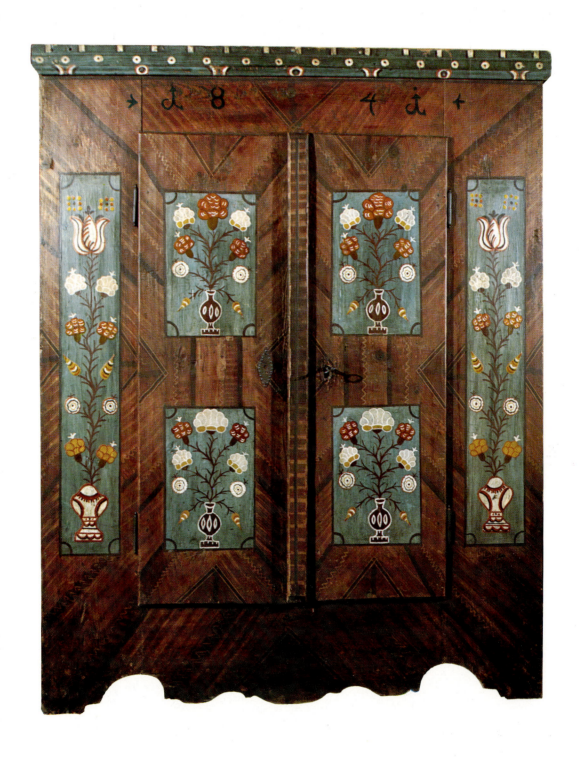

Abb. 124: Schrank aus Miltach, 1841
Standort: Bauernmöbelmuseum Grafenau

Abb. 125: Bogenschrank aus Arrach, brauner Kammzuggrund, grüne Felder, um 1825
Standort: Zwiesel, Sammlung Fastner

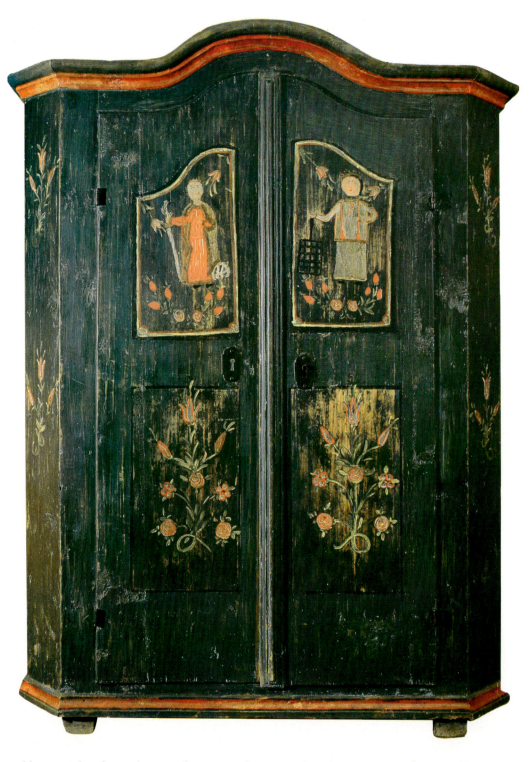

Abb. 126: Schrank aus der Umgebung von Cham mit Hl. Katharina und Hl. Laurentius, um 1810
Standort: Zwiesel, Sammlung Fastner

Abb. 127: Ausschnitt: Oberes rechtes Feld aus nebenseitigem Schrank, Darstellung des Hl. Laurentius mit dem Rost

Abb. 128: Schrank aus der Nähe von Cham, 1765
Standort: Bauernmöbelmuseum Grafenau

Abb. 129: Truhe aus der Nähe von Waldmünchen, schwarze Schablonenmalerei
auf Blankholz, 1697
Standort: Obernzell, H. D. Hutter

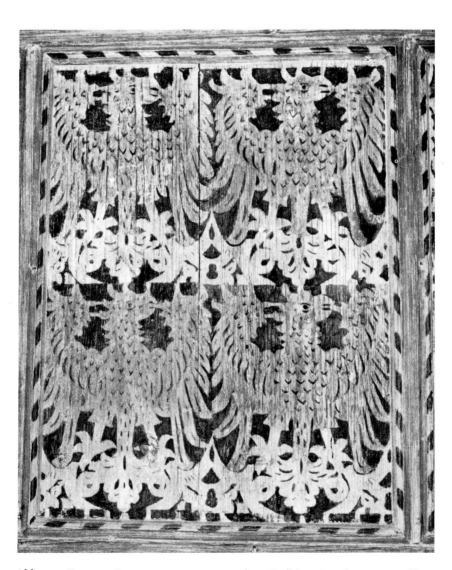

Abb. 130: Empore-Ornament um 1600 aus dem Kirchlein St. Johann in Kirchberg

VOM VORDEREN BAYERISCHEN WALD NACH STRAUBING

In den Ausläufern des Bayerischen Waldes zum Gäuboden hin haben sich ebenfalls eigenständige Bauernmöbel gefunden. Als besondere Entdeckung wäre hier der älteste datierte Schrank aus dem Bayerischen Wald zu nennen. Es handelt sich um ein reich beschnitztes Möbel aus dem Jahre 1665 in Schwarzach bei Bogen. Im Aufbau und in der Ornamentik gehört er der Stilepoche der Renaissance an. Die Bemalung ist bereits volkstümlich (Abb. 131). Aus dieser Landschaft wurden noch mehrere Frühformen, vor allem Schlichtformen, bekannt. So ein breiter schwarzer Schrank mit gelbgrüner Tupfenmalerei, wohl kurz nach 1700 entstanden, aus Gmeinwies, Post Rattiszell. Die Türen schmücken vier aufgesetzte Rautenfelder. Auffallend ist, daß dieser Schrank unten und oben keine Leisten trägt (Abb. 132).
Eine ähnliche Form ohne Leistengliederung weist ein Kasten aus Unterperasdorf von 1712 auf (Abb. 133). Er ist eintürig und zeigt auf den Feldern verhaltene Blumenmotive, die wir in verwandter Ausführung auf mehreren Truhen aus dieser Gegend finden. Diese stammen zum Teil noch aus der Zeit vor 1700. Typisch ist ein sonst seltenes Motiv von Eicheln, die mit zarten Konturen auf Blankholz gezeichnet sind (Abb. 134).
Bei einem prächtigen grünen Schrank von 1756 in Renaissanceform wächst die Malerei schwungvoll über die Türfelder hinaus (Abb. 136).
Um St. Englmar sind Truhen und Schränke in altartiger Form aufgetaucht, die in der sparsamen, aber kräftigen Malerei den Bernrieder Schränken nahestehen (Abb. 138).
Weitere gleichartige Schränke aus dieser Gegend weisen besonders kleine, bemalte und eingerahmte Felder auf. Diese Schränke sind meist viereckig und stammen aus den Jahren vor 1790. Ein Exemplar dieser Gruppe von 1812 hat bereits abgeschrägte Ecken (Abb. 139).
Auf einem farbschönen Hochzeitsschrank aus der Gegend von Steinburg findet man in den oberen Feldern ein Trachtenpaar als Braut und Bräutigam dargestellt. In den unteren Füllungen sprießen weißrote Röschen aus zwei Herzen (Abb. 148).
Für die Möbelmalerei zwischen Niederwinkling und Schwarzach ist ein Dekor mit Rosenmotiven typisch, wie ein hoher Schrank von 1830 zeigt, auf dem zusätzlich zwischen den oberen und unteren Feldern zwei große Vögel mit Blütenzweigen im Schnabel gesetzt sind (Abb. 150).
In den nördlicher gelegenen Dörfern kommt bei den vorhandenen Möbeln durchwegs eine merkliche Auflockerung zu heiteren, luftigen Farbtönen auf. Die Schränke sind fast alle in einem lichten Blaugrün gehalten. Ein Schrank aus Zinzenzell gibt ein treffendes Beispiel für diese Art (Abb. 142). In dieser Ortschaft standen noch vor einigen Jahren mindestens fünf Schränke aus der gleichen Werkstatt. Auf einem Kasten aus Sattelbogen sind auf den Schrankseiten oben ein Engel und unten eine Arme Seele im Fegefeuer aufgemalt, wohl Himmel und Hölle verkörpernd (Abb. 145).
Diese Möbelmalerei ist unter dem Barock- und Rokokoeinfluß entstanden, Stilarten, die mit jahrzehntelanger Verspätung die ländliche Möbelmalerei reich befruchtet haben. Auch bei dieser fröhlichen Bemalung werden Umbildungen und schöpferische Zurechtformungen des Vorbildes deutlich. Zarte

Rosen- und Tulpengirlanden schmücken die ganze Vorderfront der Schränke. Mehrmals sind die heiligen Schutzpatrone in den Feldern dargestellt (Abb. 146).

Auf dem Kagerbauernhof bei Zinzenzell steht noch ein Schrank mit dem Hl. Georg und der Hl. Theresia in schönster Ausführung (Abb. 147). Ein dort noch bewahrtes Himmelbett, eines der wenigen erhaltenen im Bayerischen Wald von 1820, dokumentiert ebenfalls den Malstil dieser Landschaft. (Abb. 153).

Abb. 131: Schrank aus Schwarzach b. Bogen, Grund graublau, 1665
Die Bemalung der Felder stammt aus dem 19. Jahrhundert.
Standort: Schwarzach, Rupert Venus

Abb. 132: Schrank aus Gmeinwies b. Rattiszell,
schwarzer Grund mit hellgrünen Tupfornamenten, um 1700
Standort: Bauernmöbelmuseum Grafenau

Abb. 133: Schrank aus Unterperasdorf, brauner Kammzug, 1712
Standort: Zwiesel, Sammlung Fastner

Abb. 134: Truhe aus der Umgebung von St. Englmar, um 1700
Standort: Winklarn, F. Wellnhofer

Abb. 135: Truhe aus der Gegend von St. Englmar, Grund moosgrün, um 1815
Standort: Zwiesel, Sammlung Fastner

Abb. 136: Schrank aus der Gegend von Steinburg bei Bogen, 1756
Standort: Grafenau, Sammlung Wiedemann

Abb. 137: Schrank aus Konzell, Grundfarbe grün, weiße Blumenornamente, 1792
Standort: Straubing, Privatbesitz

Abb. 138: Schrank aus der Gegend von St. Englmar,
Grundfarbe dunkelgrün, um 1770
Standort: München, Sammlung Gottschaller

Abb. 139: Schrank aus der Umgebung von St. Englmar,
brauner Kammzug mit kleinen blauen Türfeldern, 1812
Standort: Bauernmöbelmuseum Grafenau

Abb. 140: Schrank aus der Gegend von St. Englmar–Viechtach
Ausschnitt aus dem Bauernhofmuseum Lindberg, F. Handlos

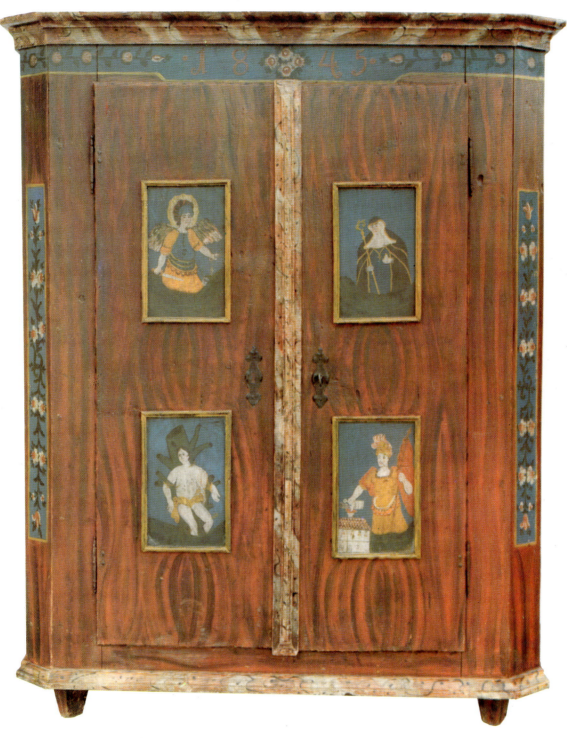

Abb. 141: Heiligenschrank aus der Gegend von Bogen, 1845
Standort: Zwiesel, Sammlung Fastner

Abb. 142: Kleine Truhe aus Bürgl, 1801
Standort: Zwiesel, Sammlung Fastner

Abb. 143: Schrank aus Zinzenzell, 1852
Standort: Zinzenzell, H. Landsdorfer

Abb. 144: Schrank aus Sattelbogen,
blaue Grundfarbe, 1831
Standort: Steinach, Sammlung Bauer

Abb. 145: Seitenansicht des obigen Schrankes
mit Darstellung eines Engels und einer Armen
Seele im Fegefeuer

Abb. 146: Schrank aus Engelbarzell mit Hl. Martin, 1831
Standort: Steinach, Sammlung Bauer

Abb. 147: Schrank mit Hl. Theresia und Hl. Georg im Kagerbauernhof bei Zinzenzell, 1834

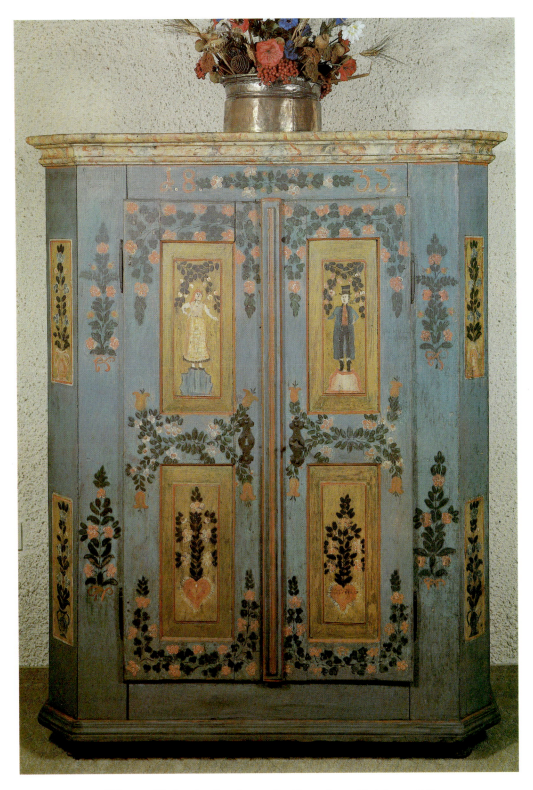

Abb. 148: Hochzeitsschrank aus der Gegend von Steinburg, 1833
Standort: Zwiesel, R. Mesaric

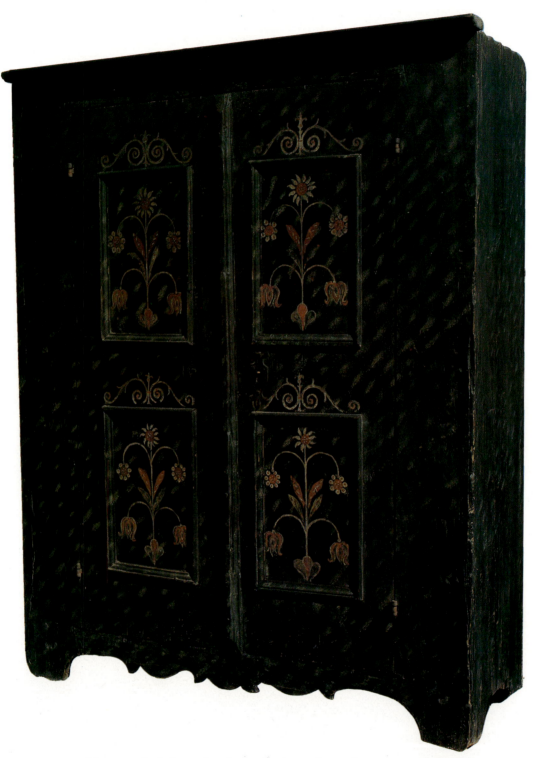

Abb. 149: Sehr früher Schrank aus der Gegend um Cham, etwa 1720
Standort: Straubing, Privatbesitz

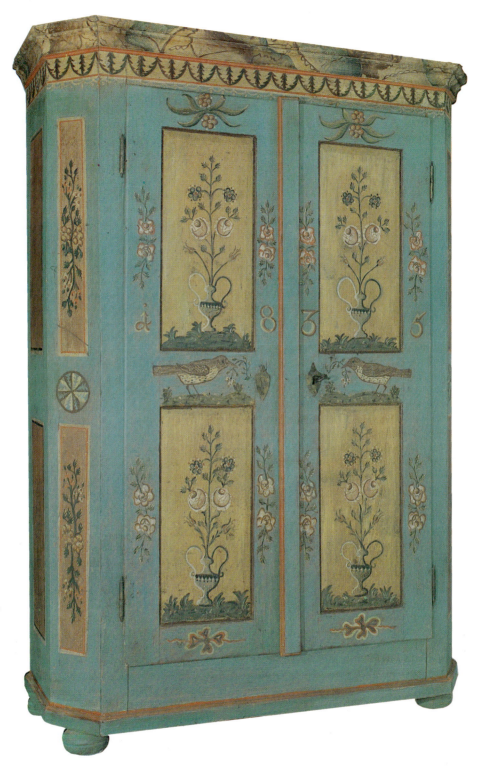

Abb. 150: Schrank aus Niederwinkling bei Schwarzach, um 1830
Standort: Zwiesel, Privatbesitz

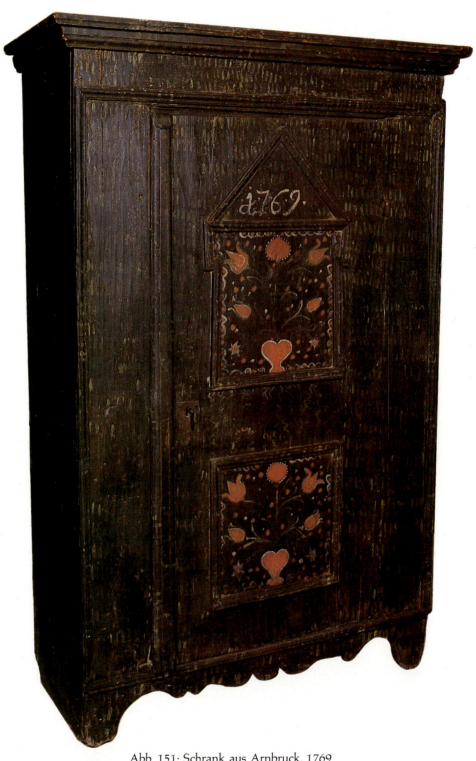

Abb. 151: Schrank aus Arnbruck, 1769
Standort: Lam, Privatbesitz

Abb. 152: Truhe aus der Gegend von Mitterfels, 1834
Standort: Zwiesel, Sammlung Fastner

Abb. 153: Himmelbett, Grund hellblau, vom Kagerbauernhof
bei Zinzenzell, 1820
Standort: Steinach, P. Bauer

TISCHE UND STÜHLE

Neben den bemalten Bauernmöbeln, den Schränken und Truhen, sollen auch die Sitzmöbel des Bayerischen Waldes erwähnt werden.
Alte Bauerntische wirken durch ihre ausgewogenen Maßverhältnisse. Sie standen meist in der Ecke der Stube im Herrgottswinkel, dem die Bedeutung eines Kultraumes zukam.
Die verbreitetste Form finden wir bei Tischen mit einer starken Ahornplatte auf kräftigen, schräggestellten Beinen. Zwei dieser frühen Schrägpfostentische aus dem Zellertal zeigen eine deutliche Bemalung in Grün und hellem Rot. Im allgemeinen sind die Sitzmöbel im Waldland jedoch unbemalt. Die Beine der Tische können gedrechselt sein, wie z. B. in der Gegend um Viechtach, oder vierkantig. Im Viechtacher Raum konnten spätmittelalterliche Kastentische festgestellt werden, die man nach ihrer Verbreitung gewöhnlich als „Röhn-Tisch" bezeichnet hat. Unter der meist aus Kirschbaum gefertigten Tischplatte ist zwischen dem Gestell ein zusätzlicher Schubkasten eingebaut. Um zu der oberen Schublade Zugang zu bekommen, kann die Tischplatte verschoben werden (Abb. 155).
Mehrmals fanden sich Tischplatten mit schönen Einlegearbeiten. Meist sind in der Mitte der hellen Ahornplatte das IHS-Zeichen oder an den Ecken die Jahreszahlen mit dunklem Holz eingelegt (Abb. 156). Bei den Stühlen herrscht der Brettstuhl vor. Hier ist eine gerade Lehne schräg in das meist starke Sitzbrett eingezapft. Zwei Zapfen werden dabei durch den Sitz durchgesteckt und durch Keile oder kräftige Holznägel befestigt. Die Lehnen sind sehr abwechslungsreich und volkstümlich gestaltet. Meist ist ein herzförmiges Griffloch eingeschnitten, daß in den Dekor einbezogen wird. Da Vorlageblätter für Stuhllehnen einst von Händlern auf Jahrmärkten verkauft wurden, trifft man auch im Bayerischen Wald auf Schmuckformen, wie in anderen deutschen Möbellandschaften. Mehrmals erscheint das Doppeladlermotiv (Abb. 157). Daneben finden sich Stühle mit Sprossenlehnen oder mit geschwungen ausgebildeten Brettern (Abb. 158). Eine Seltenheit dürfte ein Stuhl aus Kollnburg bei Viechtach darstellen, der auf der Rückseite der Lehne ein frühes Ornament eingeschnitzt hat (Abb. 160).

Abb. 154: Tisch aus der Gegend von Viechtach,
Platte Ahorn, Gestell aus Lärchenholz
Stühle aus Schönberg
Standort: Zwiesel, Sammlung Fastner

Abb. 155: Kastentisch aus Kollnburg b. Viechtach,
Platte aus Kirschbaum, 18. Jh.
Standort: Bauernmöbelmuseum Grafenau

Abb. 156: Ahorn-Tischplatte mit Einlegearbeit aus der Gegend
von Zwiesel, 1806
Standort: Regensburg, Sammlung Rademacher

Abb. 157: Brettstühle aus der Gegend von Freyung
Standort: Bauernmöbelmuseum Grafenau

Abb. 158 und 159: Stühle aus der Gegend von Viechtach
Standort: Zwiesel, Sammlung Fastner

Abb. 160: Rückseite des Stuhles aus oben Mitte,
aus Kollnburg b. Viechtach, vermutl. 17. Jh.
Standort: Bauernmöbelmuseum Grafenau

VOM FLEISS DER ALTEN HANDWERKER

Nachdem bis hierher in erster Linie über die volkskünstlerische Gestaltung gesprochen wurde, soll auch kurz auf die handwerkliche Fertigung eingegangen werden. Wenn man einen Einblick in die unendlichen Mühen bekommt, die in jedem alten Möbelstück stecken, wird man ihm deshalb schon eine gewisse Ehrfurcht entgegenbringen und die Behandlung und Wertschätzung danach richten.
Von dieser mühevollen Handarbeit bei der Herstellung der bäuerlichen Möbel können heute noch alte Möbelschreiner berichten. Wohl wurden die Bretter nach allgemein gebräuchlichen Zollstärken in den Brettersägen geschnitten, bei den Möbelschreinern aber waren dann handwerkliche Arbeiten zu leisten, die nach unseren heutigen Maßstäben unvorstellbar hart waren.
Zur Möbelherstellung verwendete man damals nur Vollhölzer. Die Bretter mußten lange Zeit, Harthölzer 10 bis 15 Jahre, lagern, um das Schwinden und Reißen bei den fertigen Stücken weitgehend zu vermeiden. Bei einer täglichen Arbeitszeit von 12 Stunden und mehr hatte ein Mann eine Woche fleißig zu arbeiten, um einen zweitürigen Schrank schreinermäßig vollständig herzustellen. Das begann mit dem Zuschneiden der Bretter auf die nötigen Längen und Breiten. Die Hölzer waren von den Brettersägen her noch nicht „gesäumt". Maschinen standen zu dieser Zeit nicht zur Verfügung. So mußte Brett für Brett der ganzen Länge nach mit der Faustsäge von Hand zugeschnitten werden. Das „Fausten" gehörte zu den anstrengendsten Arbeiten in diesem Handwerk. Tagelanges Schneiden der verhältnismäßig starken Bretter in Richtung der Holzfaser ermüdete Gesellen und Lehrlinge oft so sehr, daß sie am Abend die Arme nicht mehr heben konnten. Die zugeschnittenen rohen Bretter wurden dann mit der Hand gehobelt. Zuerst mit dem Schrupphobel quer und längsseits. Für die Rückwände der Schränke z. B. blieb es bei dieser Bearbeitung. Die übrigen Bretterseiten sind dann mit dem Schichthobel, darauf mit der Rauhbank und schließlich mit dem Putzhobel bearbeitet und sorgfältig zugerichtet worden. Nach der Länge und Breite der eingerollten Hobelspäne konnte der Meister überwachen, ob fachmännisch und rationell gehobelt worden ist. Oft wurden die Hände bei der langen Benützung der Hobel blutig, die Haut an den Beinen durch die Faustsäge abgeschürft. Ein Lappen wurde um die Hand gewickelt und die harte Arbeit ging weiter.
Für den Lehrling begann die meist strenge Lehrzeit bereits mit 12 Jahren. Aber schon das kleine Büblein mußte den ganzen Tag mitarbeiten. Dabei war es zu jener Zeit eine große Gnade, einen Lehrplatz bei einem Schreiner zu bekommen. An den Meister mußten die Eltern zudem ein entsprechendes „Lehrgeld" entrichten.
Waren die vielen Bretter, die man zum Zusammenbauen eines Schrankes benötigt, sauber zugerichtet, folgte das Fugen, Verzinken, Nuten, Graten und Aufdübeln der einzelnen Teile. Jede dieser Technik verlangte handwerkliches Können und große Sorgfalt. Eine besonders geschickte Hobelführung erforderte das Aushobeln der Gesimse und Leisten. Zum Zusammenbauen und Aufdübeln der Bretter und Leisten wurden nur fein zugeschnittene Holznägel benützt. Es war verpönt Eisennägel

zu verwenden oder Fehlerstellen auszukitten. Den nötigen Leim stellte man sich selber aus Quark, Kalk und anderen Zutaten her.

Die Gesellen mußten ihre Kenntnisse und Erfahrungen durch die Wanderjahre erweitern. Sie brachten dann häufig neue Formen und vor allem städtische Stileinflüsse in abgelegene Gegenden.

Trotz der Beschränkung der Werkstätten in den einzelnen Orten und Gebieten war die Konkurrenz bei den Möbelschreinern vor allem im ärmeren Waldland groß. Die Kundschaft, oft Häuslersleute und Dienstboten als Brautleute mit geringen Ersparnissen, konnten wenig bezahlen. So mancher Schreiner, der sich erst eine Werkstatt aufbauen mußte, richtete sich seine Schlafstätte neben der Hobelbank ein. Er arbeitete im Sommer z. B. nicht nur von Sonnenaufgang bis -untergang, sondern stand werktags auch nachts immer wieder auf, um weiterzuhobeln. Nur mit dem Einsatz der ganzen körperlichen Kräfte konnte ein annehmbarer Verdienst erarbeitet werden. War das Möbelstück endlich schreinermäßig fertiggestellt, folgte die Bemalung, die weitere handwerkliche Kenntnisse und vor allem künstlerisches Gespür verlangte.

INSTANDSETZUNG UND PFLEGE

Werden heutzutage noch originale Bauernmöbel erworben, so weisen sie meist mehr oder weniger starke Schäden am Holzaufbau oder an der Malerei auf. Natürliche Abnützung und manchmal unsachgemäße Lagerung durch viele Jahrzehnte haben ihre Spuren hinterlassen. Es ist deshalb angebracht, einige grundsätzliche Ausführungen darüber zu bringen, wie man kleinere Schäden selbst beheben kann und wie diese Möbel gereinigt und gepflegt werden sollten.

Häufig fehlen Leisten an den Gesimsen oder Felderumrahmungen. Diese sollten unbedingt ersetzt werden, da das Fehlen optisch sehr stört und die ausgewogene Proportion der alten Möbel stark beeinträchtigt wird. Für einen geschickten Schreiner ist es nicht allzu schwierig solche Leisten nachzuhobeln oder nachzufräsen, wenn noch Muster am Möbelstück vorhanden sind. Es ist dazu möglichst Holz von alten Brettern oder Balken zu verwenden, um die folgende farbliche Abstimmung zu erleichtern. Störende Dellen am Holz können durch Anfeuchten „hochgedämpft" werden. Kleine Löcher und Risse sind mit einem zum Holzton passenden Holzkitt auszubessern. Nach dem Ausspachteln und Trocknen kann man die ausgekitteten Stellen mit einem Stück Schleifpapier zuschleifen. Bei größeren Rissen und Schäden kommt man nicht umhin, einen Span von einem alten Brett genau zu schnitzen und anzuleimen.

Alte Schränke und Truhen sind leider oft vom Holzwurm befallen. Kleine Häufchen von herabgefallenem Holzwurmmehl zeigen, daß der Holzschädling noch im Möbelstück arbeitet. Die Weibchen dieser 3 bis 5 mm großen Holznager legen in den Monaten Mai bis Juni eine große Anzahl Eier in die Holzrisse oder alten Gänge. Nach etwa 14 Tagen beginnen die Eilarven unter der Holzoberfläche zu nagen und lange Gänge zu bohren. Vier Wochen später fliegen dann die geschlechtsreifen Käfer nach dem Verpuppen aus den Astlöchern wieder hinaus.

Im Handel sind wirksame Schädlingsbekämpfungsmittel erhältlich. Besonders zweckmäßig zu handhaben ist Xylamon-Spray „Holzwurmtod". Dieses Mittel wird nach der Gebrauchsanweisung in die Wurmlöcher gespritzt und entwickelt dort giftige Gase. An den Löchern abrinnende Flüssigkeit ist sogleich mit einem Lappen zu entfernen, da sonst an der Malerei Flecken und Ränder entstehen.

Gegen starke Temperaturschwankungen und zu trockener Zimmerluft sind selbst die ältesten Möbelstücke aus Vollholz noch empfindlich. Die Holzteile können in solchen Räumen weiter schwinden und damit Rißschäden herbeiführen. Daher ist in zentralgeheizten Wohnungen zum Schutze alter Möbelstücke für richtige Luftbefeuchtung zu sorgen. Dabei sollte man sich am besten größere Befeuchtungsgeräte an die Heizkörper beschaffen, die mehrere Liter Wasser fassen.

Bauernmöbel sind oft lange auf schadhaften Dachböden und in staubigen Rumpelkammern abgestellt gewesen. Sie müssen daher gereinigt werden, bevor man sie in einem Wohnraum aufstellt und in Gebrauch nimmt. Dabei sind zuerst Schmutz und Staub mit dem Staubsauger, mit steifborstigen Pinseln oder trockenem Lappen zu entfernen. Oftmals ist jedoch auch feuchtes Wischen unum-

gänglich. Dieses soll jedoch nicht mehrmals kurz hintereinander erfolgen, da die Malerei sonst aufgeweicht und leicht abgewischt wird. Besonders empfindlich sind Flächen in Kammzugtechnik. Zum kurzen Abwaschen verwendet man am besten klares, kaltes Wasser. Es kann auch ein nichtalkalisches Mittel, wie z. B. Rei, beigefügt werden. Auf keinen Fall darf man zum Reinigen bemalter Flächen Seifenwasser verwenden. Seife greift die Malerei stark an. Das Wischtuch soll nur feucht, niemals naß sein. Starke nasse Behandlung bringt das Holz zum Aufquellen und läßt die Malerei aufplatzen. Es darf aus diesem Grunde auch keine Nässe auf den Malflächen stehen bleiben.
Beim Ausbessern schadhafter Malflächen ist höchste Vorsicht geboten. Ausgebessert soll nur werden, was unumgänglich ist. Oft gibt eine starke Patina den alten Möbeln erst ihren besonderen Reiz. Nur optisch störende und kleinere Beschädigungen sollen vom Laien selbst behandelt werden. Es ist haarsträubend und außerordentlich bedauerlich, wieviele Möbel heute noch durch eine unsachgemäße Restaurierung und durch unnötiges Aufpolieren in Mitleidenschaft gezogen oder völlig verdorben werden. Mehr Respekt vor dem Alten und Originalem wäre oft angebracht. Größere Schäden in der Malerei sind von einem erfahrenen Fachmann ausbessern zu lassen. Kleinere Schäden an den Malflächen können meist selbst durch Austupfen mit einer gut abgestimmten Farbe behoben werden. Wichtig ist dabei, daß der dazu verwendete Farbbinder in seiner Zusammensetzung dem ursprünglichen Malmittel weitgehend entspricht. Die ländlichen Möbelschreiner verwendeten neben anderen Bindemitteln in erster Linie Kaseinbinder. Diesen Farbbinder kann man sich auch heute noch selbst herstellen. Kasein ist ein Milchprodukt, das aus Quark und Kalk aufbereitet wird. Neben Quark aus Magermilch, am besten fein zerrieben, verwendet man möglichst altgelöschten Kalk. Einem Kilogramm Quark ist ein gehäufter Eßlöffel voll Kalk beizugeben. Durch sorgfältiges Durchrühren entsteht daraus eine sämige Mischung, die dann noch durch ein feines Sieb oder einen Strumpf zu drücken ist.
Wir haben es heutzutage leicht, die entsprechenden Farben zu beschaffen. Es können nämlich zu diesem Ausbesssern die üblichen, billigen Pulverfarben verwendet werden, wie sie noch in jedem Farbengeschäft erhältlich sind. In den Zeiten, als die Möbel bemalt wurden, mußten sich die Maler die einzelnen Farben in oft langwierigen Arbeitsgängen selbst beschaffen. So wurde die schwarze Farbe aus Kienruß, Rot aus Ochsenblut oder Rötel gewonnen. Braun entstand durch Abkochen der grünen Walnußschalen. Die meisten Farben gewann man aus Pflanzen und den verschiedensten Mineralien. Oft hatten die einzelnen Meister ihre besonderen Rezepte und Geheimnisse. Blaue Kornblumen mit dem Eiweiß von Hühnereiern in einem Mörser zermahlen und anschließend durch ein Tuch gesiebt, ergab z. B. eine schöne blaue Farbe. Aus grünen, saftigen Erbsen wurde unter Zugabe von Alaun und entsprechender Behandlung über mehrere Tage hinweg eine gelbe Farbe gewonnen.
Von dem angeführten Kaseinbinder soll nur die notwendige Tagesmenge bereitet werden, da dieses Kaseinweiß besonders im Sommer leicht verdirbt. Die gewünschten Farbtöne werden mit einem Tafelmesser aus dem Farbbinder unter Zugabe der entsprechenden Farbpulver gemischt. Mit Wasser verdünnt, erreicht man die notwendige Streichfähigkeit. Dem geübten Restaurator ermöglicht dieses

Malmittel eine großzügige und pastose Malweise, welche die früheren Möbelmaler so ausgezeichnet beherrschten.

Die gereinigten und ausgebesserten Möbelstücke sollen dann mit einer Konservierungsschicht versehen werden. Dazu soll man auf keinen Fall Lack, auch nicht Mattlack, verwenden, wie dies leider oft noch der Fall ist. Eine dünne Schutzschicht mit farblosem Hartglanzwachs, wie es die Hausfrauen zur Fußbodenpflege verwenden, gibt dem Möbelstück einen natürlichen, seidigen Glanz, frischt die Farben auf und ist wasserabstoßend. Auch kann das Möbelstück dann leicht abgestaubt werden.

Zum Wachsen trägt man dieses Hartglanzwachs mit einem Lappen auf und poliert die Flächen mit einem Tuch oder einer weichen Bürste nach. Zu stark aufgetragenes Wachs wird klebrig und würde den Staub nur anziehen. Bienenwachs soll nur für Naturholzmöbel, nicht aber für bemalte verwendet werden, weil die Farbflächen dadurch eine immer mehr nachdunkelnde Schicht erhalten. Das Einwachsen kann in halbjährigen Abständen wiederholt werden.

Die aufgewendete Sorgfalt bei der Instandsetzung und Pflege der bemalten Möbel wird sich immer lohnen. Ihre Ursprünglichkeit läßt das Möbelstück in seiner unverfälschten Originalität erleben.

NACHWORT zur 2. Auflage

Die vorstehenden Ausführungen über die Bauernmöbel des Bayerischen Waldes sollen nicht nur die wichtigsten Erscheinungsformen für Liebhaber und Sammler aufzeigen, sondern auch den Menschen dieses Waldlandes ein gewisses Selbstgefühl vermitteln.

Der Bayerische Wald hat auch auf diesem Gebiet einen großartigen Beitrag zur Volkskunst geleistet. Daß die Hinterglasbilder des Bayerischen Waldes große Ausstrahlungskraft besitzen, ist bekannt. Nach den Feststellungen des Deutschen Liederarchivs in Freiburg gehört diese Landschaft zu den liedreichsten im deutschen Sprachraum. Die Arbeiten der kunstreichen Glasmacher und Veredler sind begehrt bei Sammlern und Museen. In dieser Untersuchung soll nicht zuletzt mit der urtümlichen Kraft und Vielgestaltigkeit der Möbelmalerei eine weitere hervorragende volkskünstlerische Aussage dargelegt werden. Denn, wenn Stilisierung, symbolhafte und reduzierende Verdichtung wesentliche Merkmale echter Volkskunst sind, so erreichte diese Kunst im Waldland zweifellos einen Höhepunkt.

Ich möchte meine Dokumentation über diese schöne, bodenständige Volkskunst mit den Dank an alle abschließen, die mich in der Beschaffung des umfangreichen Bildmaterials unterstützt, die ihre wertvollen Möbelstücke für die Veröffentlichung zur Verfügung gestellt haben. Ebenso danke ich dem Bayerischen Nationalmuseum, dem Stadtmuseum Regensburg und dem Heimatmuseum Wolfstein für ihre Unterstützung, Herrn Dr. W. Fuger, München, für die fachkundige Durchsicht des Manuskripts.

Besondere Anerkennung gilt Herrn E. Stecher als Verleger, der sich in seinem bekannten Einsatz für heimatkundliche Belange zur Herausgabe dieses Buches entschlossen hat und mit dem ich bestens zusammenarbeiten durfte.

Zwiesel, Mai 1977

Herbert Fastner

NACHWORT zur 3. Auflage

Herbert Fastner hat mit seiner Forschungsarbeit um die Möbelmalerei des Bayerischen Waldes die besondere Eigenständigkeit und gestalterische Vielfalt dieser Landschaft grundlegend aufgezeigt. Das große Interesse und Verständnis für diesen Bereich der Volkskunst findet seinen Niederschlag im Erscheinen der dritten Auflage, die innerhalb von vier Jahren nach der Herausgabe der ersten Auflage möglich ist.

Dieses Werk beinhaltet viele Abbildungen von Exponaten, die im Bauernmöbelmuseum in Grafenau zu sehen sind, das in zwei alten, wiederaufgebauten Bauernhäusern am Grafenauer Kurpark untergebracht ist.

In dieser Auflage wurde das Buch um einige zusätzliche Farbabbildungen bereichert. Außerdem ist eine ganze Reihe bisheriger Schwarz-Weiß-Abbildungen nun in Farbe gedruckt. Damit konnte das Buch in seiner Aussagekraft weiter verbessert werden.

Grafenau, Oktober 1980   *Der Verlag*

Literatur

Volkstümliche Möbelmalerei in Altbayern mit besonderer Berücksichtigung des Tölzer Kistlerhandwerks.
Torsten Gebhard in Bayerischer Heimatschutz 1936.

Alte bemalte Bauernmöbel.
Josef M. Ritz, Gislind Ritz, Verlag Gg. D. W. Callway, München

Volkstümliche Möbel aus Altbayern.
Herausgegeben v. Bayerischen Nationalmuseum München, Deutscher Kunstverlag 1975

Bauernmöbel.
Bernward Deneke, Keysersche Verlagsbuchhandlung München

Zeichnungen: Lore Baier, Grafenau

Fotonachweis

Morsak-Verlag: 1, 2, 4–13, 15–39, 42–44, 46–55, 57–60, 62, 64–67, 69–72, 74–76, 79, 81–83, 86–91, 93, 97, 100–102, 106–108, 111–113, 115–116, 118–122, 124–127, 129–136, 138–141, 145–150, 152–155

Wagmüller, Regensburg: 41, 63, 83, 84, 99, 110, 117, 135, 128

Jahn, Zwiesel, 96, 140, 141

Pleyer, Landshut: 3

Popp, Straubing: 56

Lang, Straubing: 142

Rademacher, Regensburg: 151

Nationalmuseum: 61, 105, 109

Sauter, München: 73

Heilmann, München: 77, 78

Restliche Aufnahmen privat